Gustav Teichmüller

Geschichte des Begriffs der Parusie

Gustav Teichmüller

Geschichte des Begriffs der Parusie

ISBN/EAN: 9783743657380

Hergestellt in Europa, USA, Kanada, Australien, Japan

Cover: Foto ©ninafisch / pixelio.de

Weitere Bücher finden Sie auf www.hansebooks.com

Aristotelische Forschungen

von

Gustav Teichmüller.

III.

Geschichte des Begriffs der Parusie.

Halle,
Verlag von G. Emil Barthel.
1873.

Aristotelische
Forschungen

von

Gustav Teichmüller.

III.

Geschichte des Begriffs der Parusie.

Halle,
Verlag von G. Emil Barthel.
1873.

Geschichte des Begriffs

der

Parusie.

Von

Gustav Teichmüller,
Dr. ph., ord. Professor an der Universität zu Dorpat.

Halle,
Verlag von G. Emil Barthel.
1873.

Den

Freunden und Gönnern in Basel

in dankbarer Gesinnung gewidmet.

Indem ich bei dieser Untersuchung die griechischen Kirchenväter wieder viel in den Händen bewegte, erinnerte ich mich oft der schönen Tage in Basel, wo ich über die griechische und lateinische Patristik vor einem ausgewählten Kreise der Gesellschaft Vorlesungen zu halten die Ehre hatte. Es ist der Universität Basel unter allen Universitäten eigenthümlich, dass sie auf dem hohen Sinn und der Opferwilligkeit einer einzigen Stadtgemeinde ruht, die zugleich den ganzen Staat bildet. Da aber eine solche bedeutende Erscheinung nur möglich ist, wenn sich die Spitzen der Staatsbehörden selbst persönlich für die Universität hingeben und auch die grossen Herren der Webestühle zugleich den idealen Gütern der Wissenschaft ihr Herz öffnen, so sieht man leicht, dass die Blüthe der Basler Universität Zeuge ist für die sittliche Schönheit eines solchen Gemeinwesens, und wie erfreulich es Jedem sein muss, in einer so energisch schaffenden und so hochherzig gesinnten Gesellschaft mitarbeiten zu können. Denn es ist für unsre Lebensbefriedigung keine geringe Sache, wenn der Blick in's Ganze uns immer wohlthuend berührt, wenn wir die Gerechtigkeit, Ordnung, das Wohlwollen, die Weisheit überall in der Verwaltung des Staates empfinden können. Wie ich nun hierfür Basel rühmen darf, so erinnere ich mich auch dankbar an die mir persönlich gewährte Gunst und Freundschaft und gedenke zugleich auch derer, welche durch Berufungen jetzt zerstreut, zu meiner Zeit Basel angehörten. Ihnen allen möchte ich mit der Widmung dieser ersten seit meinem Abschied gedruckten Schrift herzliche Grüsse senden.

Was nun den Inhalt dieser Schrift betrifft, so wird man darin einen theologischen und einen philosophischen Theil unterscheiden. Wenn ich mir erlaube, mich als Philosoph unter die Theologen zu setzen und mit ihnen zu disputiren, so bitte ich um gastfreundliche Aufnahme. Ich masse mir nicht an, ihre Sache besser zu wissen, sondern glaube nur als Fremder auf ihrem Gebiete Einiges unbefangener zu sehen, was den Einheimischen wegen ihrer Gewöhnung weniger in die Augen fällt. Eine Stelle bei Ed. Zeller (die Entwicklung des Monotheismus bei den Griechen S. 30. Marburg. öffentl. Vortr.) kann als Motto dieser Untersuchung dienen: „die hellenische Philosophie hat nicht blos ausser der Kirche und gegen die Kirche, sondern auch in ihr und für sie gewirkt, und eine genauere Untersuchung würde zeigen, dass ihr Einfluss auf die christliche Theologie und die christliche Sitte von Anfang an ungleich umfassender und nachhaltiger gewesen ist, als man sich dies gewöhnlich vorstellt."

Der philosophische Theil der Untersuchung führt einen bisher übersehenen Begriff in die Geschichte der Philosophie ein, den Begriff der Parusie, und versucht zugleich, den alten Streit über die Etymologie und den Sinn des damit zusammenhängenden Begriffs der Entelechie endlich zu schlichten. Ausserdem habe ich noch den Begriff des ewigen Lebens in Betracht gezogen, weil in diesem die Parusie und Entelechie ihren vollen concreten Abschluss findet, und es war mir interessant zu sehen, wie sich auch bei diesem Begriffe die Continuität der geschichtlichen Entwicklung so deutlich nachweisen liess.

Für die Beihülfe zur Correctur am Druckorte bin ich Herrn Dr. H. Siebeck in Halle zu Dank verpflichtet. Ebenso benutze ich die Gelegenheit, meinem werthen Collegen, Herrn Prof. Mühlau für die freundliche Eröffnung seiner Bibliothek und für seine schätzbaren Bemerkungen bei der Correctur meinen besten Dank zu sagen.

Inhalt.

Geschichte des Begriffs der Parusie.

	Seite.
Einleitung	XIII

Erstes Capitel.
Die griechischen Philosophen.

§. 1. Aristoteles.	1
Kraft, Bewegung, Wirklichkeit	1
Die Form als Früheres und Späteres	2
Die Parusie	3
Die angeblichen Spuren bei den Früheren	7
§. 2. Plato.	9
1. Die Stelle im Phädon	9
2. Die Stelle im Parmenides	11
3. Die Stelle im Phädrus. (Begriff der ἐνέργεια).	11
4. Die Stellen im Staat und die übrigen	13
Zeugnisse aus der Peripatetischen Schule	13
Plato und der gewöhnliche griechische Sprachgebrauch	15
Verhältniss des Ausdruckes Parusie zu den andern entsprechenden der Theilnahme, Gemeinschaft u. s. w.	18
§. 3. Die Stoiker	18

Zweites Capitel.
Das neue Testament.

§. 1. Christus als Formprincip der Welt	23
§. 2. Die Parusie Christi	26
§. 3. Die erste Parusie Christi	27
a. Die Fleischwerdung	27
b. Der Leib als Zelt	29
c. Die göttliche Natur	30
d. Luthers Uebersetzung der Parusie in Widerspruch mit unserem jetzigen Sprachgebrauch	31
e. Die Parusie bedeutet im neuen Testament und im gewöhnlichen classischen Griechisch niemals etwas Zukünftiges	32

f. Epiphanie und Parusie 33
g. Zweiter Brief Petri. Die erste Parusie . . . 35
    Die Parusie im ersten Cap. kann nicht Wiederkunft bedeuten 35
    Der Zweck des Briefes 36
    Inhalt des ersten Capitels 38
    Inhalt des zweiten Capitels 40
    Inhalt des dritten Capitels 41
    Ueber den Sinn des Epilogs 42
    Deutung des Einzelnen 43
        1. Die Kraft Christi 43
        2. Parusie als Wiederkunft gefasst hebt den Zusammenhang der Gedanken auf . . . 44
        3. Warum die prophetische Weissagung fester und gewisser ist 45
        4. Begriff der Verheissungen ($\dot{\epsilon}\pi\alpha\gamma\gamma\dot{\epsilon}\lambda\mu\alpha\tau\alpha$). 47
        5. Die Verbalformen der Anwesenheit ($\pi\alpha\rho\epsilon\tilde{\imath}\nu\alpha\iota$.) 48
§. 4. Die Parusie des Antichrists 49
§. 5. Parusie und Energie 50
§. 6. Parusie und Apokalypse 54
§. 7. Parusie und Entelechie 55
§. 8. Die zweite Parusie 58
§. 9. Uebereinstimmung der Evangelien und Briefe des Neuen Testaments 60

DRITTES CAPITEL.
Sprachgebrauch der gleichzeitigen Profan-Schriftsteller.
§. 1. Die Parusie bei Josephus 62
§. 2. Die Parusie bei Plutarch 64

VIERTES CAPITEL.
Die griechischen Lehrer und Väter der Kirche.
§. 1. Justinus der Märtyrer 67
    a. Die beiden Parusien 67
    b. Die philosophische Auffassung der Parusie . . 69

Inhalt.

	Seite.
Justin und das Evangelium Johannis	71
§. 2. Irenäus	72
Der Bericht von den Gnostikern	73
Die eigene Lehre des Irenäus	74
§. 3. Hippolytus	75
§. 4. Clemens Alexandrinus	77
§. 5. Athanasius	78
Technische Attribute der ersten Parusie	78
Die Epidemie und Epiphanie Christi	80
Gott kleidet sich in den Leib	81
Die Platonische Theilnahme ($\mu \acute{\epsilon} \vartheta \epsilon \xi \iota \varsigma$)	82
Metusie ($\mu \epsilon \tau o \upsilon \sigma \acute{\iota} \alpha$). Gleichen Wesens ($\dot{o} \mu o o \upsilon \sigma \iota \acute{o} \tau \eta \varsigma$) und anwesend ($\pi \alpha \varrho o \upsilon \sigma \acute{\iota} \alpha$)	84
Die Parusie als Energie	86
Die zweite Parusie	87
Schluss	89
Der Begriff der Parusie und seine Geschichte	89
Der Dualismus als unüberwundener Mangel in dem Begriff der Parusie	91

Begriff und Etymologie der Entelechie.

Vorläufige Vermuthung über den Zusammenhang	98
Cicero's Erklärung	98
Trendelenburg und die herrschende Ansicht	99
Absicht dieser Untersuchung	100
Etymologie von Endelechie und Gebrauch bei Plato	100
Begriff des $\dot{\epsilon} \nu \delta \epsilon \lambda \epsilon \chi \acute{\epsilon} \varsigma$ bei Aristoteles	102
Der Begriff der Entelechie	104
Verhältniss von Endelechie und Entelechie	107
Resultat	108
Sprachwissenschaftliche Seite	108
1. Zeugniss des Corinthiers Gregor	109
2. Lucian's Zeugniss	109
3. Urtheil von Professor Leo Meyer	111

Weitere Belege für die Richtigkeit der neuen
Erklärung 114
    1. Die Energie wird von Aristoteles auf die Entelechie zurückgeführt und beide sind aus der Vorstellung der Bewegung gezogen . 114
    2. Aristoteles unterscheidet zwei Arten von Bewegungen und zwei entsprechende Arten von Energie und Entelechie 116
        a) die beiden Arten der Bewegung . 117
        b) die beiden Arten der Entelechie und Energie 119
    3. Die Seele als erste Entelechie 121
    4. Die Erhebung der Aristotelischen Entelechie über die Bewegung 122

Der Begriff des ewigen Lebens im neuen Testament.

Offenbarung und Wissenschaft 127
§. 1. Die Lehre des neuen Testamentes . . . 128
    Das Evangelium des Lebens und seine Metaphern 128
    Antithetische Auslegung des ewigen Lebens . . 130
    Vorläufige Vermuthung über den Ursprung dieses Begriffs 133
§. 2. Die griechischen Quellen 136
    Plato 136
    Aristoteles 140
    Vergleichung griechischer Weisheit mit dem Christenthum 144
§. 3. Die philosophischen Studien der Juden und die Zeugnisse der christlichen Kirche . 146
    Die griechische Weisheit in Philo, dem Juden . 146
    Clemens von Alexandrien 154
    Schluss 162
Zusammenhang zwischen den Begriffen von Parusie, Entelechie und ewigem Leben 162

Einleitung.

Wenn man die Aufschrift dieser Untersuchung „Geschichte des Begriffs der Parusie" liest, wird man eine théologische Arbeit erwarten, indem uns sofort die Bedeutung der Parusie als Wiederkunft Christi in Erinnerung kommt. Wenn man aber dann weiter bemerkt, dass von dem Begriff der Parusie die griechischen Philosophen vier Jahrhunderte vor Christi Geburt in ihren dialectischen Untersuchungen gehandelt haben sollen, so wird man zunächst verwundert fragen, was denn die Philosophen mit dieser Frage können zu thun gehabt haben. Wenn man drittens beim Durchblättern des Inhaltsverzeichnisses findet, dass ich auch im Neuen Testamente unter Parusie nicht bloss die Wiederkunft Christi verstehen will, sondern auch die Fleischwerdung des „Wortes" dadurch angezeigt glaube, so wird auch diese der herrschenden Auslegung widerstreitende Annahme einen vorläufigen Widerstand in dem Leser erregen. Obgleich sich also voraussehen lässt, dass diese anfängliche Verwunderung die Aufnahme meiner Arbeit etwas erschweren wird, vorzüglich, da auch die Geschichte der Philosophie von diesem Begriffe der Parusie bisher geschwiegen hat:

so hoffe ich doch, dass die Unbefangenheit meines Standpunktes die ernsten Leser schnell versöhnen wird. Es sind hier keine Gesichtspunkte theologischer Parteien massgebend, sondern allein das aufrichtige Bemühen, die Dinge zu sehen wie sie sind, wobei Jeder, möge er heidnischer Philosoph, gnostischer Häretiker, katholischer Kirchenvater oder protestantischer Theologe sein, mit gleicher Geduld und Aufmerksamkeit angehört wird.

Dass diese Untersuchung die Theologen interessiren muss, brauche ich kaum zu beweisen, da sie sich hauptsächlich um den Mittelpunkt der christlichen Weltanschauung, um die Fleischwerdung Christi, bewegt und dazu nicht bloss dem Sprachgebrauche des Neuen Testaments im Ganzen, sondern auch der Erklärung des zweiten Briefes Petri im Besonderen eine ausführliche Beachtung schenkt. Mir als Philosophen kommt es aber zu, vor Allem auch den Philosophen zu sagen, dass ihre Sache verhandelt wird; denn die Parusie des göttlichen Wortes ist, obschon sie an Umfang die Hauptsache zu sein scheint, für die Absicht der Untersuchung doch nur eine Nebenfrage. Es kam mir auf etwas anderes an. Wir finden nämlich in der Geschichte der Wissenschaften kaum einen Begriff von grösserer Bedeutung, als den von Aristoteles eingeführten Gegensatz von Kraft und Wirklichkeit ($\delta \acute{v}\nu\alpha\mu\iota\varsigma$ und $\dot{\epsilon}\nu\acute{\epsilon}\rho\gamma\epsilon\iota\alpha$); denn es giebt keinen Gegenstand im Himmel und auf Erden, der nicht diesem Gegensatze der Auffassung unterworfen werden könnte. Dass dieser Begriff desshalb seit Aristoteles in alle wissenschaftlichen Untersuchungen aufgenommen ist, dass er auch z. B. alle dogmatischen und ethischen Arbeiten der Theologen regieren muss, versteht sich von selbst; denn ohne diesen Begriff, wie auch ohne die andern philosophischen Begriffe, kann überhaupt nichts begriffen werden, und die Religion, wenn sie ihren Inhalt wissenschaftlich feststellen will, kann natürlich nur mit Hülfe der philosophischen Begriffe zur Theologie werden. Es scheint mir daher eine wichtige Frage zu sein, wie Aristoteles, wenn er ja der Chorführer dieses Begriffes gewesen ist, auf seinen Gedanken kam. Hätten nun die früheren grossen Geschichtschreiber der Philosophie diese Frage schon gelöst, so könnten wir die schon gefundene Erkenntniss froh mitgeniessen; da aber weder Heinrich Ritter, noch Brandis, Zeller, Bonitz und Trendelenburg darüber, soviel ich sehe, gehandelt haben, so dürfen wir hier versuchen, die Sache anzuregen, damit dann Andre durch ihre Arbeit den Zusammenhang noch weiter aufhellen und uns durch neue Einsicht zu Dank verpflichten. Denn selbst Ueberweg, der sonst so fleissig und sorgfältig eine reiche Litteratur zu sammeln pflegte und immer gern an allen Fragen mitarbeiten wollte, hat über diesen Gegenstand geschwiegen. Ich will nun gleich im voraus bemerken, dass nach meiner Ueberzeugung der Platonische Begriff der Parusie die Vermittlung bildet, durch welche Aristoteles aus dem Platonischen Idealismus zu seinem Standpunkt übergegangen ist, und man möge nicht aus dem seltenen Vorkommen dieses Begriffs auf seine Unwichtigkeit zu voreilig schliessen wollen, denn auch z. B. das Wort Katharsis findet sich nur selten und bezeichnet dennoch einen Grundbegriff der Aristotelischen Auffassung der Kunst. Doch es ist Zeit, nun an die Untersuchung selbst zu gehen.

ERSTES CAPITEL
Die griechischen Philosophen.

§. 1. ARISTOTELES.

Kraft, Bewegung, Wirklichkeit.

Mit Aristoteles beginnend müssen wir uns erinnern, dass er die Materie (ὕλη) von der Form (εἶδος) unterschied und die Wirklichkeit entstehen liess, wenn beide Form und Materie geeinigt sind. Dabei betrachtete er aber beide nicht als getrennt von einander in zwei verschiedenen Substanzen, sondern die Materie als das Vermögen (δύναμις) zur Form und die Form als die Wirklichkeit (ἐντελέχεια) der Materie. Z. B. das Blut, das in unseren Blutgefässen enthalten ist, kann als die Materie oder das Vermögen der einzelnen geformten Körpertheile betrachtet werden und diese weisen daher die Wirklichkeit dessen vor was in dem Blute nur der Möglichkeit nach vorhanden war. Die Materie ist darum in gewissem Sinne ein Nichtseiendes; nicht ein schlechthin Nichtseiendes, sonst könnte daraus nie und unter keiner Bedingung ein Seiendes werden, sondern in gewisser Weise, sofern sie das noch nicht ist, was aus ihr wird. Sobald sie nun anfängt das zu werden, was sie später wird, ist sie in Bewegung (κίνησις). Die Bewegung ist nach Aristoteles der Zwischenzustand zwischen blosser Möglichkeit und voller Wirklichkeit und daher hört nach seiner Lehre die Bewegung sofort auf, sobald die Form, die der Möglichkeit nach in der Materie war, vollendet ist.

Das vollendete Sein (ἐντελέχεια) ist die wirkliche Form (ἐνέργεια). Z. B. Holz, Steine, Lehm sind die Materie des Hauses; sobald die Form anfängt sich zu verwirklichen, findet die Bewegung des Hausbauens statt, und sobald die Form in der Materie vollendet ist, hört die Bewegung auf.[1])

Die Form als Früheres und Späteres.

Nun kann aber nach Aristoteles die Materie aus ihrem blossen Können nicht durch sich selbst herausgebracht werden, sondern es bedarf eines Grundes der Bewegung und dieser Grund muss synonym mit dem letzten sein, was aus der Bewegung wird. Z. B. dem Hausbau muss die Form des Hauses als Begriff im Baumeister vorhergehen; wie das Haus in seinem Begriff geformt ist, so wird es durch ihn in Wirklichkeit gebaut werden, und er wird es erst dann für vollendet erklären und die Bewegung abschliessen, wenn die verwirklichte Form in allen Stücken seiner Idee entspricht. Die Form ist desshalb das Alpha und Omega, das Erste und Letzte und in diesem Sinne heisst sie der Zweck (τέλος). Ebenso wie in diesem Beispiel aus der Kunst verhält es sich auch in der Natur; aus dem Saamen entsteht der Mensch nicht von selbst, sondern nur unter dem bewegenden Einfluss eines wirklichen Menschen und zwar nicht eines noch unreifen, sondern nur eines vollkommen entwickelten, in welchem die Form in Wirklichkeit lebendig ist. Das Frühere ist desshalb der Art nach dasselbe wie das Spätere, es ist ihm synonym, d. h. es theilt Namen und Wesen mit ihm. Der Zahl nach aber ist es nicht eins mit ihm, sondern es sind zwei.

---

[1]) Ausführliches darüber im zweiten Bde. meiner „Aristotelischen Forschungen": „Aristoteles Philosophie der Kunst", Halle, Verlag von G. Emil Barthel. 1869. S. 40 ff. 370 ff.

Die Parusie.

Ich frage nun: hat Aristoteles dies zuerst gelehrt? Und wenn wir ihm dies einräumen wollten: wie ist er dann auf diese Betrachtungsweise der Dinge gekommen? Giebt es in seiner Sprache keine Spur, die uns die Entwickelungsgeschichte seiner Gedanken bloss legt? Es ist zwar göttlich schön, wenn die Athene gleich gerüstet aus dem Haupt des Zeus entspringt, aber es ist uns befriedigender, wenn wir die Geschichte des Werdens einsehen. — Zuerst ist dabei nun der Ausdruck **Form** oder **Idee** ($εἶδος$) zu bemerken, der entschieden auf Plato hinweist, ebenso deutlich die Bezeichnung der Materie als in gewisser Art **Nichtseiendes** ($μὴ\ ὄν$). Allein damit ist nicht viel gewonnen; denn diese Art des Zusammenhangs seiner Gedanken mit Plato hat Aristoteles selbst ausdrücklich angegeben und sie ist daher immer bekannt gewesen. Das eigenthümlich Aristotelische aber schien der Begriff der **Vollendung** oder **Verwirklichung** ($ἐντελέχεια$) zu sein, der bei Plato nicht zu finden ist. Wir werden desshalb die Forschung nur dann ein Stück weiterbringen, wenn es uns gelingt, die Spuren dieses Begriffes ebenfalls in Plato aufzuweisen.

Glücklicher Weise sind nun ein paar Stellen vorhanden, welche diesen Zusammenhang zur Klarheit bringen. Im zweiten Buche über die Seele erklärt Aristoteles das Licht als die **Wirklichkeit** ($ἐνέργεια$) des Durchsichtigen als Durchsichtigen. Er nennt es daselbst auch die **Vollendung** ($ἐντελέχεια$) des Durchsichtigen, indem letzteres im Zustande der Dunkelheit bloss in Möglichkeit ($δυνάμει$) durchsichtig ist. Interessant ist nun, dass als dritter Ausdruck für diese Vollendung und Wirklichkeit auch die **Parusie** gebraucht wird und zwar so, dass dadurch zugleich die Erklärung des Begriffs erfolgt[1]. Das Licht ist nämlich kein Körper; denn da das Durchsichtige z. B. die Luft und das Wasser ein Körper ist, so müssten ja sonst, wenn die Luft erhellt oder durchsichtig wird, zwei Körper zugleich im selben Raume sein, was unmöglich ist. Das Durchsichtige wird auch nicht durch sich selbst durchsichtig, sondern durch eine Bewegung, welche ausgeht von einem Gegenstand, der an sich selbst Ursache dieser Bewegung ist und das ist die Farbe oder das Sichtbare schlechthin. Diese Farbe wie auch das Feuer und die himmlischen Körper bringen also die durchsichtigen Stoffe in eine solche Bewegung, dass die bisher dunkeln dadurch durchsichtig werden und so ist denn das Licht nichts als die **Verwirklichung** der Durchsichtigkeit oder die **Gegenwart, Anwesenheit, Parusie** des Feuers oder der Farbe in dem durchsichtigen Körper. Das Feuer ist also das bewegende **Formprincip** und die Durchsichtigkeit ist die **Anwesenheit der Form** in dem Stoffe, in welchem sie bisher nur der Möglichkeit nach vorhanden war. So ist nun einerseits das Licht geistreich begriffen, andererseits der Ausdruck **Vollendung** (ἐντελέχεια) und **Verwirklichung** (ἐνέργεια) deutlich

---

[1] Trendelenburg de anim. p. 371 fragt erstaunt: Sed quid est quod in effluvii (ἀπορροῆς) locum praesentiam (παρουσίαν) substituit? — Er antwortet: Haec quidem παρουσία a corporis praesentia aliena ad solam praesentem vim redire videtur, ut ita ad ἐνέργειαν, ad perficientem perspicui vim, accedat. Trendelenburg bezeichnet die Bedeutung der Parusie hier durchaus zutreffend; doch war diese Erklärung desshalb nicht zu verfehlen, weil die παρουσία in der Definition des Durchsichtigen abwechselnd mit ἐνέργεια und ἐντελέχεια von Aristoteles gebraucht wird. Dagegen scheint Trendelenburg, da er zuerst erstaunt und an eine corporis praesentia denkt, nicht bemerkt zu haben, dass Aristoteles mit παρουσία einen geläufigen Schulausdruck anwendet.

erklärt als die **Anwesenheit der Form** (παρουσία) in dem Stoffe, als die Erscheinung der Idee[1]).

Unter anderen Stellen wähle ich aus dem ersten Buche der Naturphilosophie die Erklärung der Veränderung. Aristoteles beweist daselbst, wie die Veränderung dadurch zu Stande komme, dass die Materie an sich selbst keine Form habe, es sei denn der Möglichkeit nach, und dass sie desshalb mit der Form, die sich als **Gegensatz** (ἐναντία) darstellt, wechseln könne, ohne selbst zu Grunde zu gehen. Die Form in ihren Gegensätzen als warm oder kalt, musikalisch oder unmusikalisch, geordnet oder ungeordnet u. s. w. verbindet sich mit der Materie. Nun kann warm nicht kalt werden geordnet niemals ungeordnet sein, aber der warme Gegenstand kann erkalten, der ungeordnete geordnet werden, der musikalisch Ungebildete kann musikverständig werden u. s. w. Die Materie beharrt also und die Gegensätze der Form wechseln. Hier tritt nun wieder der Ausdruck **Parusie** hervor; denn, sagt Aristoteles, statt zweier Gegensätze braucht man auch nur **einen**, näm-

---

[1]) Ich setze zum Belege die Aristotelischen Worte hier bei: De anima II. 7. πᾶν δὲ χρῶμα κινητικόν ἐστι τοῦ κατ' ἐνέργειαν διαφανοῦς. — διαφανὲς δὲ λέγω, ὅ ἐστι μὲν ὁρατόν, οὐ καθ' αὑτὸ δὲ ὁρατὸν ὡς ἁπλῶς εἰπεῖν, ἀλλὰ δι' ἀλλότριον χρῶμα. τοιοῦτον δέ ἐστιν ἀήρ καὶ ὕδωρ καὶ πολλὰ τῶν στερεῶν — φῶς δέ ἐστιν ἡ τούτου ἐνέργεια τοῦ διαφανοῦς ᾗ διαφανές. Δυνάμει δὲ ἐν οἷς τοῦτο ἐστι, καὶ τὸ σκότος. Τὸ δὲ φῶς οἷον χρῶμά ἐστι τοῦ διαφανοῦς, ὅταν ᾖ ἐντελεχείᾳ διαφανὲς ὑπὸ πυρὸς ἢ τοιούτου οἷον τὸ ἄνω σῶμα — — Τί μὲν οὖν τὸ διαφανὲς καὶ τί τὸ φῶς εἴρηται ὅτι οὔτε πῦρ οὔθ' ὅλως σῶμα, οὔτε ἀπορροὴ σώματος οὐδενός· εἴη γὰρ ἂν σῶμά τι καὶ οὕτως· ἀλλὰ πυρὸς ἢ τοιούτου τινὸς παρουσία ἐν τῷ διαφανεῖ — — — ὥστε δῆλον, ὅτι καὶ ἡ τούτου παρουσία τὸ φῶς ἐστί — — — τοῦτο γὰρ ἦν τὸ χρώματι εἶναι τὸ κινητικῷ εἶναι τοῦ κατ' ἐνέργειαν διαφανοῦς· ἡ δὲ ἐντελέχεια τοῦ διαφανοῦς φῶς ἐστι. Also ist die Energie oder Entelechie die Parusie der Form im Stoff.

lich das positive Formprincip anzunehmen, welches durch seine Abwesenheit oder Anwesenheit (τῇ ἀπουσίᾳ καὶ παρουσίᾳ) die Veränderung hervorbringt. Aristoteles bestimmt also die Wirklichkeit durch die Anwesenheit oder Parusie der Form in der Materie [1]).

Nimmt man zu diesen Stellen auch noch die gewöhnlichen Ausdrücke, womit Aristoteles die Form als Princip der Natur bezeichnet, so wird sein Sprachgebrauch völlig einleuchtend. Er nennt das Formprincip, welches begründend dem Dinge einwohnt und ihm die Form verleiht, das Wesen (οὐσία) des Dinges; die Definition ist ihm desshalb die Bestimmung des Wesens (ὅρος τῆς οὐσίας). Oder er bezeichnet es auch mit dem mysteriösen Namen als das-was-war-Sein (τὸ τί ἦν εἶναι), da das Wesen vor seiner Verwirklichung ja schon war und sich nun offenbar macht durch seine Anwesenheit (παρουσία). Die Anwesenheit der Form (παρουσία) bringt desshalb die Möglichkeit zur Wirklichkeit (ἐνέργεια), und wenn das Wesen als Zweck (τέλος) betrachtet wird, so kommt durch die Anwesenheit des Wesens das Ding in den Besitz des Zweckes (ἐντελέχεια)[2]). Die Parusie schliesst desshalb alle diese Ausdrücke zusammen und bewährt sich als Aristotelische Auffassung durch den fortwährenden Gebrauch in den Verbalformen[3]), wie denn auch in der Analytik und Topik die logische Anwesenheit oder Abwesenheit der Merkmale in den Begriffen eben durch denselben

---

[1]) Natur. ausc. I. 7. ἱκανὸν γὰρ ἔσται τὸ ἕτερον τῶν ἐναντίων ποιεῖν τῇ ἀπουσίᾳ καὶ παρουσίᾳ τὴν μεταβολήν.

[2]) Ueber die Entelechie, ihren Begriff und Etymologie vergl. unten die ausführliche Untersuchung.

[3]) Z. B. Arist. de gener. et corr. I. 7. s f. παρουσῶν, wo die Parusie der εἴδη und τέλη unterschieden wird von der Existenz der Bewegungsursachen, aus denen Entstehen folgt, während erstere das Sein gewähren.

Ausdruck ἀπεῖναι und παρεῖναι) bezeichnet wird, völlig gleichbedeutend mit dem gewöhnlichen terminus „zukommen" (ὑπάρχειν), wo auch das Platonische „theilhaben" (μετέχειν) in demselben Sinne sich findet.

Die angeblichen Spuren bei den Früheren.

Trendelenburg versucht für die bei Aristoteles so entscheidende Entgegensetzung von Möglichkeit (δύναμις) und Wirklichkeit (ἐνέργεια) oder Vollendung (ἐντελέχεια) Spuren bei dem Früheren zu finden und schweigt merkwürdiger Weise von Plato, indem er nur den Demokrit und die Megariker anführt; allein er gesteht selbst zu, dass diese Spuren so dünn sind, dass damit nichts zu machen ist[1]). Sehen wir uns die Stellen an, so sind beide, es sind nämlich nur zwei, aus Aristoteles eigenen Berichten genommen. Dadurch ist aber die Wahrscheinlichkeit, dass wir die authentischen Worte der Früheren vernehmen, fast schon auf Null gesunken; denn Aristoteles liebt es, die bildliche und des Begriffs noch nicht mächtige Sprache der Früheren durch Einmischung seiner eigenen Terminologie schnell verständlich zu machen.

Die erste Stelle kommt im zwölften Buche der Metaphysik vor. Es handelt sich dort um den Begriff des Werdens und Aristoteles zeigt, dass nicht aus Nichts etwas werden könne, sondern aus der Materie d. h. aus einem der Möglichkeit nach Vorhandenen, das aber das was es wird, noch nicht in Wirklichkeit ist. Dieser Begriff, sagt er, stecke schon in den Annahmen der Früheren; denn es sei dasselbe, was Anaxagoras das Eine, Empedocles und Anaximander die Mischung und

---

[1]) Trendelenburg de an. p. 318. Quaeri tamen potest, utrum hoc notionum discrimen invenerit an acceptum in suum usum converterit. Sunt quidem apud priores philosophos vestigia, tenuiora tamen ut rem decidant.

Demokrit „es sei Alles zumal" nennen: bei letzterem fügt er hinzu: „der Möglichkeit nach, nicht der Wirklichkeit nach¹)." Trendelenburg las für „zumal" (ὁμοῦ) das in andern Handschriften vorkommende „uns" (ἡμῖν) und nahm daher die augenscheinlich von Aristoteles epexegetisch hinzugefügten Worte „der Möglichkeit nach u. s. w." als von Demokrit gebrauchtes Prädicat. — Diese erste Stelle enthält demnach nichts Brauchbares.

Die zweite Stelle findet sich im achten Buche der Metaphysik. „Einige aber behaupten z. B. die Megariker, nur dann könne man, wenn man wirklich thätig sei, wenn man aber nicht wirklich thätig sei, so könne man auch nicht, z. B. wer nicht baue, könne nicht bauen, sondern nur der Bauende wenn er baue." Durch diese Stelle ist zwar ganz offenbar nachgewiesen, dass die Megariker die Schwierigkeit des Begriffes der Kraft, wenn sie nicht wirkt, erkannt und gezeigt haben; aber dass sie dafür schon die Ausdrücke des Aristoteles δύναμις und ἐνέργεια) gebraucht hätten, leuchtet nicht ein; denn offenbar referirt Aristoteles ganz mit seinen Worten, und *das Wort „wirklich thätig sein" (ἐνεργεῖν) scheint erst mit Aristoteles in Gebrauch zu kommen,* wie es sich denn auch bei Plato noch nicht findet. Und was den Begriff selbst anbetrifft, so fehlt ja in dieser Megarischen von Aristoteles als absurd behandelten Lehre grade die Einsicht in das Verhältniss von Kraft und Verwirklichung, so dass Aristoteles spottet, es gäbe bei ihnen also auch keinen Baumeister, wenn er nicht grade baue,

---

¹) Metaphys. XII. 2. 1069. b. 19. ἐξ ὄντος γίγνεται πάντα, δυνάμει μέντοι ὄντος, ἐκ μὴ ὄντος δὲ ἐνεργείᾳ. καὶ τοῦτ' ἐστὶ τὸ Ἀναξαγόρου ἕν (βέλτιον γὰρ ἢ, ὁμοῦ πάντα) καὶ Ἐμπεδοκλέους τὸ μῖγμα καὶ Ἀναξιμάνδρου καὶ ὡς Δημόκριτός φησιν, ἦν ὁμοῦ πάντα, δυνάμει μέν, ἐνεργείᾳ δ' οὔ· ὥστε τῆς ὕλης ἂν εἶεν ἡμμένοι.

da der Baumeister eben der ist, der von den Nicht-Bauverständigen sich dadurch unterscheidet, dass er im gegebenen Falle bauen kann[1]).

§. 2. PLATO.

Wenn wir also aus diesen Stellen wenig Gewinn ziehen, so eröffnet sich dagegen in Plato durch den Begriff der Parusie der genaueste Anschluss der Aristotelischen Auffassung. Wir müssen uns vergegenwärtigen, dass Plato die Idee als das wahrhaft Seiende und Ewige aus dem Strom der Dinge erhebt und ihm gegenüber daher consequent das immer Werdende setzt, das nicht schlechthin nicht seiend ist, sondern irgendwie am Sein theilhabe. Dieses Theilhaben ($\mu \acute{\epsilon} \vartheta \epsilon \xi \iota \varsigma$) besteht darin, dass die Idee als das Seiende im Stoff erscheint, in ihm nachgebildet gegenwärtig wird. Zwar wird die Idee als das Eine dadurch nicht selbst in ein Vieles gespalten, das Ewige nicht vergänglich, das Intelligible nicht sinnlich; dennoch wird umgekehrt das Viele dadurch wirklich, einig und erkennbar. Diese Gegenwart oder Anwesenheit oder Erscheinung der Idee in den immer entstehenden und vergehenden Dingen nennt Plato die Parusie. Eine Betrachtung der einzelnen Stellen wird dies veranschaulichen.

1. Die Stelle im Phädon.

Am Schlagendsten ist dafür die Stelle in dem unbestritten ächten Phädon, wo Plato grade den ihm eigen-

---

²) Metaph. Θ. 3. 1046. b. 29. εἰσὶ δέ τινες οἵ φασιν, οἷον οἱ Μεγαρικοί, ὅταν ἐνεργῇ μόνον δύνασθαι, ὅταν δὲ μὴ ἐνεργῇ οὐ δύνασθαι, οἷον τὸν οἰκοδομοῦντα οὐ δύνασθαι οἰκοδομεῖν, ἀλλὰ τὸν οἰκοδομοῦντα ὅταν οἰκοδομῇ·

thümlichen Begriff des Theilhabens (μέθεξις) der Dinge an der Idee entwickelt und dafür zur Erläuterung noch den Ausdruck der Gemeinschaft (κοινωνία) und der Anwesenheit (παρουσία) gebraucht. Er sagt: „Es scheint mir, dass wenn etwas anderes noch schön ist ausser dem Schönen selbst, es durch nichts anderes schön ist, als weil es theilhat (μετέχει) an jenem Schönen und so mit allen Dingen — wenn einer mir sagt, warum irgendetwas schön ist, indem es etwa eine herrliche Farbe oder Figur oder dergleichen habe, so lasse ich diese Erklärungen auf sich beruhen, denn in allen diesen Stücken verwirre ich mich leicht, das aber sage ich schlechthin und vielleicht etwas einfältig, dass nichts anderes es schön macht, als von jenem, dem Schönen, die Anwesenheit (παρουσία) oder Gemeinschaft (κοινωνία) oder auf welche Art und Weise es ihm auch zukommen mag [1].“ So wird das Grosse gross durch Anwesenheit der Grösse, klein durch Kleinheit, eins durch die Einheit u. s. w. und „kein Ding kann auf andere Art etwas werden, als durch Theilhaben an dem eigenthümlichen Wesen (οὐσία) dessen, an dem es Theil hat [2].“ Es finden sich hier also genau die beiden Ausdrücke, welche wir oben Seite 6 bei Aristoteles betrachteten, das Wesen (οὐσία) einerseits als Bezeichnung der Idee oder des idealen Formprincips und seine Anwesenheit (παρουσία) andererseits, wodurch das Ding die Eigenschaften erhält, die im Wesen liegen.

---

[1] Phaedon p. 100. c. φαίνεται γάρ μοι, εἴ τί ἐστιν ἄλλο καλὸν πλὴν αὐτὸ τὸ καλόν, οὐδὲ δι᾽ ἓν ἄλλο καλὸν εἶναι ἢ διότι μετέχει ἐκείνου τοῦ καλοῦ. — — οὐκ ἄλλο τι ποιεῖ αὐτὸ καλὸν ἢ ἡ ἐκείνου τοῦ καλοῦ εἴτε παρουσία εἴτε κοινωνία εἴτε ὅπῃ δὴ καὶ ὅπως προσγενομένη.

[2] Phaed. p. 101. c. ὅτι οὐκ οἶσθα ἄλλως πως ἕκαστον γιγνόμενον ἢ μετασχὸν τῆς ἰδίας οὐσίας ἑκάστου οὗ ἂν μετάσχῃ.

2. Die Stelle im Parmenides.

Wer nun im Parmenides noch den Plato reden hört, der wird auch von dort Citate annehmen; die Andern werden aber doch wenigstens die Platonische Schulsprache darin nicht verkennen. Wir sehen daselbst deutlich den andern oben Seite 6 besprochenen Ausdruck der **Abwesenheit** (*ἀπουσία*). „Wenn wir das Nichtsein aussagen, bezeichnen wir damit etwas anderes als des Wesens **Abwesenheit** (οὐσίας ἀπουσίαν) bei dem Gegenstand von dem wir das Nichtsein aussagen [1]?" Auch hier ist das Wesen die Idee und es handelt sich, wie das Folgende ausführlich zeigt, um das Theilhaben oder Nichttheilhaben des Werdenden am Wesen. Denn „Werden und Vergehen ist doch nichts anders, als dort das Theilnehmen am Wesen, hier das Verlieren des Wesens [2]."

3. Die Stelle im Phädrus. (Begriff der *ἐνέργεια*).

Dass dementsprechend nun auch die Verbalformen **abwesendsein** (*ἀπεῖναι*) und **anwesendsein** (*παρεῖναι*) gebraucht werden, versteht sich. Ich will dafür nur eine Stelle auführen, die zugleich ins Licht setzt, wie natürlich sich der Aristotelische Ausdruck **Wirklichkeit** (*ἐνέργεια*) aus dem Platonischen Sprachgebrauch entwickeln konnte. Sokrates erklärt dort, der ächte Redekünstler müsse zunächst die verschiedenen Arten der Seelen erkennen und ebenso die verschiedenen Arten der Reden, wodurch jedesmal auf diese oder jene

---

[1] Parmenides p. 163. C. *Τὸ δὲ μὴ ἔστιν ὅταν λέγωμεν, ἆρα μή τι ἄλλο σημαίνει ἢ οὐσίας ἀπουσίαν τούτῳ ᾧ ἂν φῶμεν μὴ εἶναι;*

[2] Ebendas. D. *τὸ δὲ γίγνεσθαι καὶ τὸ ἀπόλλυσθαι μή τι ἄλλο ᾖ, ἢ τὸ μὲν οὐσίας μεταλαμβάνειν, τὸ δ' ἀπολλύναι οὐσίαν;*

Art von Seele einzuwirken wäre und aus welchem Grunde die eine Art Seele durch die eine Art Rede sich leicht überreden liesse, schwer aber durch eine andere Art. Wenn er dann dieses Alles im Begriff (εἰδέναι, νοή-σαντι) gehörig verstände, so bleibe ihm als zweite Auf. gabe dies übrig, die Anwesenheit der verschiedenen Naturen in dem wirklichen Menschen zu erkennen, um dem entsprechend die richtige Art der Rede an sie zu richten. „Wenn er im Stande ist, es herauszumerken und sich anzuzeigen, dass dieser es ist und diese Natur (φύσις, von der damals begrifflich (οἱ λόγοι) gehandelt wurde, die ihm nun in Wirklichkeit anwesend ist, (ἔργῳ παροῦσα)¹)" u. s. w. Wir sehen hier erstens den deutlichen Gegesatz zwischen dem im Begriff erkannten Wesen der Dinge und dem in der Wirklichkeit erschienenen Wesen. Ersteres wird dabei mit dem Ausdruck Natur (φύσις) bezeichnet, der auch bei Aristoteles in demselben Sinne überaus häufig vorkommt. Zweitens aber zeigt sich hier interessanter Weise neben dem Ausdruck der Anwesenheit (παροῦσα) der andere Ausdruck, welcher den Aristoteles offenbar allein zu seiner Terminologie führen konnte, nämlich „in Wirklichkeit" (ἔργῳ). Denn der Ausdruck Energie (ἐνέργεια) d. h. Wirklichkeit kann auf kein anderes Wort als ἔργον (Werk) zurückgeführt werden, wie Aristoteles selbst bezeugt: „Denn das Werk (ἔργον) ist der Zweck, die Wirklichkeit (ἐνέργεια) aber ist das Werk; darum ist auch der Namen Wirklichkeit nach dem Werke benannt und bezieht sich auf die Vollendung des Zwecks (ἐντελέχεια)²)."

---

[1] Phaedrus p. 272 A. ὅταν — δυνατὸς ᾖ διαισθανόμενος ἑαυτῷ ἐνδείκνυσθαι, ὅτι οὗτός ἐστι καὶ ἡ φύσις περὶ ἧς τότε ἦσαν οἱ λόγοι, νῦν ἔργῳ παροῦσά οἱ κ. τ. λ.

[2] Metaph. Θ. 8. 1050. a. 22. τὸ γὰρ ἔργον τέλος, ἡ δὲ ἐνέργεια τὸ ἔργον. διὸ καὶ τοὔνομα ἐνέργεια λέγεται κατὰ τὸ ἔργον καὶ συντείνει πρὸς τὴν ἐντελέχειαν.

Der Gegensatz zwischen dem bloss Bezweckten, welches in Gedanken existirt, und dem Verwirklichten, welches nun real als Werk vorhanden ist, tritt aber am Schärfsten in den Ausdrücken „im Begriff und in Wirklichkeit" (λόγῳ und ἔργῳ) hervor, und wie von der Kunst, so hat Plato diesen Gegensatz auch von der Natur gebraucht, was unsre Stelle einleuchtend zeigt. Die verschiedenen Arten (εἴδη) oder Charaktere der Menschen sind das Allgemeine, das der Begriff wissenschaftlich erfasst; die Anwesenheit des Allgemeinen aber im einzelnen Menschen ist die Wirklichkeit des Allgemeinen [1]).

4. Die Stellen in dem Staat und die übrigen.

Im Staat findet man natürlich dieselbe Ausdrucksweise, z. B. mit dem genauesten Anschluss an Phädon (s. S. 10 oben) sagt Plato, dass der Durst schlechthin auf den Trank schlechthin geht, durch die Anwesenheit (παρουσία) der Vielheit aber auf viel Trank u. s. w.[2]). Ebenso ist der Sprachgebrauch nun aus vielen andern Stellen zu zeigen, wodurch aber kaum ein neues Moment für die bisher gewonnene Auffassung hinzukommt. Ich begnüge mich desshalb damit, zur weiteren Vergleichung an die Stellensammlung bei Ast zu erinnern, wo man unter παρουσία, πάρειμι und ἄπειμι das Gewünschte finden wird.

Zeugniss aus der Peripatetischen Schule.

Wenn so der innere Zusammenhang der Terminologie bei Aristoteles und Plato nachgewiesen ist, so

---

[1]) Zahlreiche Stellen findet man bei Ast Lex. Plat. sub ἔργον gesammelt, der auch, freilich ohne die Beziehung auf Aristoteles anzumerken, erklärt: etiam id quod nos dicimus Wirklichkeit vel That (ut ἔργῳ, re, praecipue si λόγῳ opponitur).

[2]) Plat. Polit. 437. E. ἐὰν δὲ διὰ πλήθους παρουσίαν πολλή ἡ δίψα ᾖ, τὴν τοῦ πολλοῦ παρέξεται.

kommt es erwünscht, dass auch aus der Schule des Aristoteles ein Zeugniss vorliegt, welches beweist, dass die Parusie durchaus als Schul-Ausdruck aufgenommen und bekannt war. Eudemus, der die Aristotelische Ethik bearbeitet hat, gebraucht den Ausdruck Parusie zweimal und zwar so, dass er das eine Mal als Aristoteliker spricht, bei dem zweiten Male aber die Platonische Ideenlehre beurtheilt, so dass in diesem letzteren Falle der Ausdruck als ein Platonischer betrachtet werden kann. Die Vergleichung beider ergiebt daher, dass er in der Schule Curs hatte.

Das erste Kapitel der sogenannten Eudemischen Ethik untersucht die verschiedenen Bedingungen, durch welche die Glückseligkeit (εὐδαιμονία) entstehen könne, ob sie eine Naturanlage ist oder durch Erkenntniss oder Erziehung oder göttliche Inspiration oder durch glücklichen Zufall entsteht, und schliesst, dass demnach die Parusie der Glückseligkeit entweder durch alle oder durch einige oder durch eins dieser Mittel uns zukomme; denn alle Entstehung (γένεσις) lasse sich auf die angegebenen Arten immer zurückführen[1]). Unter Parusie ist hier also das Sein oder die Wirklichkeit verstanden, die der Erfolg ihrer Entstehung (γένεσις) ist, d. h. das wirklich Gewordene oder Verwirklichte im Verhältniss zu seinem Wesen, welches, an sich betrachtet, eben noch nicht da ist, sondern sich erst durch einen Weg der Entstehung (γένεσις) verwirklichen muss.

Während der Verfasser hier entschieden als Aristoteliker spricht, so wird die Kritik der Platonischen Lehre von der Idee des Guten im achten Kapitel desselben

---

[1]) Eth. Eudem. lib. 1. 1. ὅτι μὲν οὖν ἡ παρουσία (sc. τῆς εὐδαιμονίας) διὰ τούτων ἁπάντων ἢ τινῶν ἢ τινὸς ὑπάρχει τοῖς ἀνθρώποις, οὐκ ἄδηλον· ἅπασαι γὰρ γενέσεις σχεδὸν πίπτουσιν εἰς ταύτας τὰς ἀρχάς.

Buches ein Hineinfliessen Platonischer Ausdrücke nahe legen. Es heisst dort, dass es der Idee des Guten zukomme, das erste oder ursprüngliche Gute zu sein, und zweitens die Ursache, wesshalb alle andern Güter zu Gütern werden, nämlich sofern die Idee des Guten in ihnen anwesend (παρουσία) ist. Also die Parusie der Idee des Guten ist die Ursache, wodurch alles gut wird, was wir gut nennen. Dass wir hier den Platonischen terminus haben, wird vielleicht noch wahrscheinlicher, weil auch die anderen gebräuchlicheren Ausdrücke zur Verdeutlichung herangezogen werden; denn es heisst, dass alle die anderen Güter durch Theilnahme (μετοχή) an ihr und Aehnlichkeit (ὁμοιότης) mit ihr Güter werden, und die Idee wird das Theilgenommene (μετεχόμενον), die Güter die Theilnehmenden (μετέχοντα) genannt [1]. Zu bemerken ist hierbei, dass an beiden Stellen die Parusie nicht etwa als eine Metapher durch Vergleichungspartikel eingeführt wird, sondern dass ihr als dem zutreffenden Ausdruck der erste Platz zukommt, während die anderen Ausdrücke erst zur dialektischen Erklärung verwendet werden. Auch bei Aristoteles selbst in seinem Buche von der Seele erschien der Ausdruck Parusie mit Energie abwechselnd in der Definition, wo Aristoteles sonst keine Metaphern duldet [2]).

Plato und der gewöhnliche griechische Sprachgebrauch.

Weiter als in Plato brauchen wir aber den terminus Parusie nicht zu verfolgen; denn wir können bei ihm

---

[1]) Eth. Eudem. I. 8. φασὶ (die Platoniker) γὰρ ἄριστον μὲν εἶναι πάντων αὐτὸ τὸ ἀγαθόν, αὐτὸ δ'εἶναι τὸ ἀγαθὸν ᾧ ὑπάρχει τό τε πρώτῳ εἶναι τῶν ἀγαθῶν καὶ τὸ αἰτίῳ τῇ παρουσίᾳ τοῖς ἄλλοις τοῦ ἀγαθὰ εἶναι. Ταῦτα δ' ὑπάρχει ἀμφότερα τῇ ἰδέᾳ τἀγαθοῦ, λέγω δὲ ἀμφότερα τό τε πρῶτον τῶν ἀγαθῶν καὶ τὸ τοῖς ἄλλοις αἴτιον ἀγαθοῖς τῇ παρουσίᾳ τοῦ ἀγαθοῖς εἶναι κ. τ. λ.

[2]) Vergl. oben S. 3.

zur Genüge erkennen, dass er diesen Ausdruck unmittelbar aus dem gewöhnlichen Sprachgebrauch aufgenommen und nur abwechselnd mit anderen terminis, die er noch öfter anwendet, zur Verdeutlichung seiner Gedanken sich angeeignet hat.

Der Ausdruck Anwesenheit und die Verbalformen (παρεῖναι, παρόντα) bezeichnen wie bei uns zunächst das Gegenwärtigsein[1]) und die Ankunft in Zeit und Ort von Dingen und Personen[2]), die vorher oder nachher abwesend waren oder sein werden, ohne darum überhaupt aus Zeit und Ort zu verschwinden.

In dieser Bedeutung sinnlicher Gegenwart gebraucht Homer z. B. in der Ilias das Wort, wobei freilich dem geistreichen Hörer schon die Immanenz der Götter in uns einfallen darf. Er singt:

„— und wie die Wölfe
Tobten sie. Froh nun schaute die jammererregende Eris:
Denn der Unsterblichen war sie allein noch unter den
    Streitern;
Und die andren Götter waren ihnen nicht anwesend,[3])
    sondern geruhig
Sassen sie all in den eignen Behausungen, dort wo
    für jeden
Prangt ein schöner Palast, auf den steigenden Höhn
    des Olympos.

In diesem Sinne sagt auch Aeschylus in den Persern: „Für des Hauses Auge halt' ich seines Herren Gegenwart[4])" (Parusie).

---

[1]) Plat. legg. 683. C. ἡ νῦν παροῦσα ἡμέρα. Ebendas. 699 C. φόβος ὁ τότε παρών.

[2]) So z. B. auch παρουσία εἰς Ἰταλίαν Dion. Hal. I. 45. —

[3]) Homer. Iliad. XI. 73. Οὐ (sc. Ἔρις) γάρ ῥα θεῶν παρετύγχανε μαρναμένοισιν οἱ δ᾽ ἄλλοι οὔ σφιν πάρεσαν θεοί, ἀλλὰ ἕκηλοι

[4]) Aesch. Pers. 169 ὄμμα γὰρ δόμων νομίζω δεσπότου παρουσίαν.

Die zweite Bedeutung ergiebt sich daraus aber einfach; denn auch was nirgends in Zeit und Ort vorhanden ist, kann zur Anwesenheit kommen, z. B. der Tag kann ankommen, Reichthum einem zukommen, Furcht einen ankommen u. s. w. ohne vorher anderswo zu existiren, indem sie nicht etwa bloss durch Ortswechsel herbeigeführt werden.

Wenn man nun aber drittens mit Plato überlegt, dass aus dem Nichts auch nichts entstehen kann, so liegt es nahe, eine nicht-sinnliche, aber doch seiende Ursache für die Erscheinung vorauszusetzen, und so fasst schon Homer das Verhältniss von Kraft und Wirksamkeit auf, wenn er Paris und Hektor sprechen lässt: „nimmer auch sollst du unserer Kampf-Arbeit vermissen, so viel die Kraft ($\delta\acute{v}\nu\alpha\mu\iota\varsigma$) nur gewähret ($\pi\acute{\alpha}\rho\varepsilon\sigma\tau\iota$); über die Kraft kann Keiner, wie sehr er auch eifere, kämpfen[1]!" Die Leistung der Arbeit wird also abhängig gemacht von der vorhandenen Kraft, die auch nach ihrer Quantität, wenn sie erschöpft ist, die Leistung zum Aufhören bringt z. B. wie Teucros sagt: „Atreus Sohn, Ruhmvoller, warum, da ich selber ja strebe, mahnest Du mich? Denn wahrlich, soviel die Kraft nur gewähret, ruhe ich nicht[2]." Wenn man aber mit Plato weiter erkennt, dass allem Entstehen und Vergehen ein schlechthin Seiendes zu Grunde liegt, was er als Wesen oder Idee bestimmt, so ergiebt sich nun auf's Einfachste, dass alles, was anwesend oder irgendwie gegenwärtig ist, durch die Anwesenheit jenes Seienden anwesend wird und durch seine Abwesenheit wieder vergeht. Bei Plato beginnt desshalb der gewöhnliche Sprachgebrauch erst

---

[1] Homer. Iliad. XIII. 785. οὐδέ τί φημι ‖ ἀλκῆς δευήσεσθαι, ὅσση δύναμίς γε πάρεστιν. ‖ πὰρ δύναμιν δ' οὐκ ἔστι, καὶ ἐσσύμενον, πολεμίζειν.

[2] Homer. Iliad. VIII. 294. οὐ μέν τοι, ὅση δύναμίς γε πάρεστιν, παύομαι.

zur Terminologie zu werden, und die andern Ausdrücke des Theilhabens ($μέθεξις$) und der Gemeinschaft ($κοινωνία$) stehen entschieden im Vortheil bei ihm. Darum muss unsere Untersuchung bei Plato anhalten.

Verhältniss des Ausdruckes Parusie zu den andern entsprechenden der Theilnahme, Gemeinschaft u. s. w.

Zugleich möchte ich hier aber bemerken, dass der Ausdruck Anwesenheit ($παρουσία$) für Plato in gewisser Weise nothwendig und unvermeidlich war neben den andern; denn Nachahmung, Theilhaben und Gemeinschaft sind Bezeichnungen, die entstehen, wenn man von dem Werdenden ausgeht in Gedanken, um es an dem Seienden theilnehmen zu lassen; darum bleibt nothwendig eine Lücke für die Betrachtung, bis man auch von dem Seienden ausgeht, welches nicht theilnimmt oder Gemeinschaft haben kann, sondern das nur an- wesend wird und dadurch Wesen verleiht. Der Ausdruck ist desshalb die natürliche Ergänzung durch Betrachtung von der andern Seite aus.

§. 3. Die Stoiker.

Bei den Stoikern muss dieser Begriff der Parusie mehr zurücktreten, weil sie offenbar eine ganz andere Aufgabe hatten, nämlich den Dualismus von Idee und Materie zu überwinden. Sie setzten desshalb das Seiende selbst als materiell und das Materielle als logisch, und so mussten denn auch für die Offenbarung der Idee in der Erscheinung sich andere Ausdrücke häufiger anbieten z. B. der Ausdruck der Vollendung und Erfüllung. Wo daher die Parusie vorkommt, ist der Sinn zwar nicht geändert, aber die Hinzufügung der Materialität ist eine neue Annahme, z. B. Zeno soll nach Stobaeus die Ursache ($αἴτιον$) als das Wodurch bestimmen und für Körper (σῶμα) erklären und soll gesagt haben, „es sei unmöglich, dass die Ursache zwar anwesend sei (παρεῖναι), dasjenige jedoch, dessen Ursache sie ist, nicht vorhanden sei." Erläutert wird dieser Satz dadurch, dass durch die Weisheit das Weisesein verursacht werde, durch die Seele das Leben, durch die Mässigkeit das Mässigsein, dass also die Anwesenheit dieser Ursachen auch die Existenz des Bewirkten erfordere [1]). Darum meldet Diogenes Laertius auch von Zeno, dass er die Tugenden als **immer anwesende** (ἀεὶ παρόντα) Güter bestimmt habe im Gegensatze z. B. zum Vergnügen oder Spazierengehen, was nicht immer stattfindet [2]). Nicht minder bleibt aber die Platonische „Theilnahme" als Schulausdruck bei ihnen in Geltung; so bestimmt Zeno z. B., es sei alles dasjenige seiend, was am Wesen (οὐσίᾳ) theilnehme (μετέχει) [3]).

Ebenso ist der Ausdruck **Energie** im Aristotelischen Sinne festgehalten und findet sich daher besonders auf die Handlungen angewendet, wo ihn auch Aristoteles als in eigentlichster Bedeutung braucht [4]). Von besonderem Gebrauch ist aber der Ausdruck Zweck (τέλος), der auch bei der veränderten Metaphysik in Geltung

---

[1]) Stobaeus (Gaisford p. 128) lib. I. 13. 1. αἴτιον δ' ὁ Ζήνων φησὶν εἶναι δι' ὅ — — καὶ τὸ μὲν αἴτιον σῶμα — ἀδύνατον δὲ εἶναι, τὸ μὲν αἴτιον παρεῖναι (Parusie), οὗ δέ ἐστιν αἴτιον μὴ ὑπάρχειν (Existenz) — — ἀδύνατον γὰρ εἶναι σωφροσύνης περί τινα οὔσης, μὴ σωφρονεῖν, ἢ ψυχῆς, μὴ ζῆν, ἢ φρονήσεως, μὴ φρονεῖν.

[2]) Diog. Laert. VII. 1. §. 98. καὶ ἀεὶ μὲν παρόντα αἱ ἀρεταὶ οὐκ ἀεὶ δὲ οἷον χαρά, περιπάτησις. Stobaeus hat II. 94 dafür den Ausdruck ὑπάρχειν, so dass man zweifeln kann, ob Zeno das eine oder andre Wort brauchte.

[3]) Stobaeus Flor. II. 91. ταῦτ' εἶναί φησιν ὁ Ζήνων ὅσα οὐσίας μετέχει. Ebenso μετέχον ἀρετῆς — μετέχον κακίας.

[4]) Diog. Laert. VII. 1. §. 98. αἱ ἐνέργειαι. Stob. Floril. II. 98. τὰς ἐπαινετὰς ἐνεργείας. II. 100. τὰς κατ' αὐτὰς ἐνεργείας II. 101. τὰς κατὰ κακίας ἐνεργείας. It. II. 137.

bleiben kann; denn auch bei den Stoikern ist der Gegensatz der Möglichkeit und wirklichen Vollendung geblieben. Die Natur ist ihnen daher mit saamenartiger Vernunft erfüllt, die Alles zur Vollendung treibt (ἀποτελοῦσα). Die vollendete Thätigkeit der Vernunft ist ihnen daher der Zweck (τέλος) uud was dazu gehört als Theil, nennen sie Zweckliches (τελικά)[1]). Die Tugend daher die Zweckbildung oder Vollendung (τελείωσις). Wichtig ist dabei, dass für die Vernunft oder das Formprincip der Welt der Ausdruck Wort (λόγος) in den Vordergrund tritt, noch mehr als bei Plato und Aristoteles. So definirt Chrysipp z. B. das Schicksal (εἱμαρμένη), es sei „das Wort (λόγος) der Welt, oder das Wort des in der Welt mit Vorsehung Verwalteten, oder das Wort, durch welches das Gewordene geworden ist, das Werdende wird, und das Zukünftige kommen wird." Stobaeus berichtet uns, dass Chrysipp für Wort auch die Ausdrücke Wahrheit (ἀλήθεια), Grund (αἰτία) und Natur (φύσις) brauche. Er nennt dasselbe auch eine pneumatische Kraft, welche in Ordnung das All verwalte [2]).

Indem die Stoiker überall versichern, dass Gott und Schicksal und Vernunft und Zeus ein und dasselbe seien, nur mit verschiedenen Namen benannt, so betrachten sie die ganze Welt als von diesem Princip erzeugt. Die Erzeugung der Welt denken sie sich nach Analogie der

---

[1]) Diese Begriffsbestimmung stammt ebenfalls aus Aristoteles, vergl. Teichmüller, Einheit der Aristotelischen Eudämonie, über den Unterschied der Theile und Bedingungen. S. 121.

[2]) Stob. Flor. Gaisf. p 67. [180]. Χρύσιππος δύναμιν πνευματικὴν τὴν οὐσίαν τῆς εἱμαρμένης, τάξει τοῦ παντὸς διοικητικήν — — εἱμαρμένη ἐστὶν ὁ τοῦ κόσμου λόγος, ἢ λόγος τῶν ἐν τῷ κοσμῳ προνοίᾳ διοικουμένων· ἢ λόγος καθ' ὃν τὰ μὲν γεγονότα γέγονε, τὰ δὲ γιγνόμενα γίγνεται, τὰ δὲ γενησόμενα γενήσεται. Μεταλαμβάνει δὲ ἀντὶ τοῦ λόγου τὴν ἀλήθειαν, τὴν αἰτίαν, τὴν φύσιν.

thierischen Entstehung aus dem Saamen, welcher, obgleich materiell, doch als gestaltenden Grund ein Formprincip, das Wort (λόγος), enthalte. So ist nun auch in der ganzen Welt ein solches saamenartiges Wort (σπερματικὸς λόγος) gegeben, welches alle Dinge ausscheidet und formend erzeugt und dadurch Alles einerseits bindend zusammenhält (συνέχουσα), andererseits zur Vollendung treibt (ἀποτελοῦσα)[1].

Der Mensch hat von diesem Wort ein Abbild empfangen in der Sprache, deren er von allen sterblichen Wesen allein fähig ist und ist göttlichen Geschlechts[2]. Er ist erzeugt von Gott und ein Theil Gottes; die Seele der Welt als ein warmer Athem beseelt uns und bewegt uns. Darum kann unsere Lebensaufgabe in nichts anderem bestehen, als mit diesem allgemeinen Gesetz im Einklange zu bleiben; denn dieses ist das rechte Wort, welches als dasselbige in Zeus dem Führer der ganzen Weltordnung wohnt. Darin allein bestehe unsre Tugend, darin unsere Vollendung (τελείωσις) und das glückselige Leben und die Freiheit[3].

---

[1] Diog. Laert. VII. 1. §. 148.

[2] Cleanthes bei Stobaeus eclog. Gaisf. p. 13. ἐκ σοῦ γὰρ γένος ἐσμὲν ἤχου μίμημα λαχόντες μοῦνοι. Einige wollen für ἤχου lesen ὄχου gleich ὄχημα d. h. den Leib als Fahrzeug, Petersen ὅ σοῦ. Ersteres ist ganz unpassend in dem Zusammenhang, aber auch das letztere ist mehr Platonisch als Stoisch, da wir μέρη, nicht μιμήματα Gottes sind. Dagegen ist der Zusammenhang ganz klar durch ἤχου zu verstehen, welches ja als Stimme, Laut, poetisch für Sprache gebraucht und von den Stoikern als dritter Seelentheil (τὸ φωνητικόν) gerechnet wird. Weil er Sprache erhalten, sagt Cleanth., darum will er Gott preisen und seine Macht immer singen: τῷ σε καθυμνήσω καὶ σὸν κράτος αἰὲν ἀείσω.

[3] Diese Gedanken sind überall zu finden z. B. Diog. Laert. VII. 1. §. 156. 157, wo Gott als πνεῦμα πυροειδές, unsere Seele als πνεῦμα ἔνθερμον, als τὸ ἡμῖν συμφυὲς πνεῦμα κ. τ. λ. bezeichnet wird. Die ethischen Begriffe s. §. 90. ff.

Obgleich nun hier der Begriff der Parusie zurücktritt, so sind doch die einschlagenden Gesichtspunkte alle vorhanden. Der Gegensatz von Möglichkeit und Wirklichkeit liegt in dem saamenartigen Wort und der Vollendung des Menschen, die sich in Energien beweist. Das eigenthümlich Stoische ist die Aufnahme der Materie in die Einheit des Princips, so dass das saamenartige Wort, welches die Welt ohne weitere Beihülfe einer etwa draussen befindlichen Materie aus sich heraus bilden kann, sich so verhält, wie das saamenartige Wort, welches in dem Saamen des Menschen enthalten, Wort (λόγος) und Materie zugleich ist. Es giebt Bewegung aus sich und Leben und Wesen (Form) und ist die Wahrheit der Dinge.

Da die Stoiker die Zwischenstufe zwischen der christlichen Theologie und dem Platonisch-Aristotelischen Idealismus bilden, so muss hier noch darauf aufmerksam gemacht werden, dass bei den Stoikern das Wort (λόγος) nicht Gott selbst, und doch auch nicht verschieden von Gott ist. Gott ist das Ganze, das aus sich Alles erzeugt und in sich nach bestimmten Perioden wieder zurücknimmt, als der Schöpfer der Welt[1]). Das Wort hat er in sich und ist deshalb vernünftig (λογικόν) und erzeugt die Welt nach dem Wort und durch das Wort und ist insofern selbst das Wort, wiefern das Wort sein Wesen ausdrückt. Wie sich zum ganzen lebenden Wesen (ζῷον) die Vernunft verhält, die es hat, so verhält sich das Wort zu Gott. Gott ist daher auch nicht von menschlicher Gestalt (ἀνθρωπόμορφον); er ist Schöpfer des Ganzen und gleichsam Vater des Alls[2]).

---

[1]) A. a. St. Diog. Laert. VII. s. 137. Darum δημιουργὸς ὢν τῆς διακοσμήσεως.

[2]) Vergl. u. A. Diog. Laert. VII. s. 147. δημιουργὸν τῶν ὅλων καὶ ὥσπερ πατέρα πάντων. Der Ausdruck Vater ist die alte Platonische Metapher aus dem Timäus.

Zweites Capitel.
Das Neue Testament.

Das Christenthum bewegt sich zwar zunächst in dem Gedankenkreise des israelitischen Volkes und versucht daher auch natürlich, das Leben und die Person des Erlösers in den Zusammenhang der früheren prophetischen Weltanschauung und Zukunftshoffnung einzureihen; aber das Bedürfniss, die Persönlichkeit Christi und sein Werk aus ihrer geschichtlichen Einzelheit und Endlichkeit zur höheren Auffassung im Begriff zu bringen und dadurch in seinem ganzen Leben eine ideale Nothwendigkeit und ewigen providentiellen Gehalt zu erkennen, führt von selbst dazu, philosophische Begriffe für diese erste dogmatische Umbildung oder Entwicklung zu benutzen. Freilich wäre diese Arbeit kaum nöthig gewesen, wenn sich das Christenthum auf die Semiten beschränkt hätte; da es aber universalistisch auch die Römer und Griechen ergriff, so musste es diesen verständlich werden, was nur durch Benutzung der im griechischen Bewusstsein ausgebildeten philosophischen Begriffe geschehen konnte.

Es kann uns hier nicht auf die ganze Reihe dieses philosophischen Apparats ankommen, sondern wir beschränken uns billig auf die wenigen Begriffe, welche im nächsten Zusammenhang unserer Aufgabe liegen.

§. 1. Christus als Formprincip der Welt.

Der Mittelpunkt, an den sich alle die andern Begriffe anschliessen, ist die Auffassung Christi als das Wort Gottes. Das Wort ($\lambda\acute{o}\gamma o \varsigma$) ist dabei natürlich nicht als Sprache zu verstehen, sondern im Platonischen und Stoischen Sinne als Idee (εἶδος) oder Aristotelisch als das logische Wesen (οὐσία κατὰ τὸν λόγον), oder der ideale Grund (τὸ τί ἦν εἶναι). Christus wird im Neuen Testament aufgefasst als dasjenige Princip, wodurch die Welt gebildet ist und wird. „Alles wurde durch dasselbe und ohne dasselbe wurde nicht eins was geworden ist[1]." Dieses Princip ist nicht etwa der Stoff, die Materie, aus welcher die Dinge werden, sondern offenbar das, was die Philosophie als die ideale Seite der Welt dem Materiellen entgegenstellt. **Das Wesen des Materiellen wird natürlicher Weise ganz unbestimmt gelassen;** denn das religiöse Interesse hat mit der Naturwissenschaft nur indirect zu thun und es soll überhaupt keine genaue wissenschaftliche Belehrung über das Verhältniss der Principien in der Natur gegeben werden, sondern es genügt, wenn das Wort (λόγος) als das Princip der Formbildung (εἶδος), des Lebens (ζωή) und der Wahrheit (ἀλήθεια)[2], kurz als der ideale Grund der Welt erkannt wird. Die Welt und besonders die Menschheit, sofern sie von diesem idealen Lebensprincip noch nicht gestaltet ist, wird dabei häufig als die Finsterniss (σκοτία) bezeichnet, in welche das Licht (φῶς) scheint[3]. Das Licht, aber nicht das physische Licht, sondern metaphorisch das wahre Licht (τὸ φῶς τὸ ἀληθινόν) wird dabei an die Stelle des Wortes (λόγος) gesetzt[4]. Desshalb wird von dem Licht ebenso, wie vom

---

[1] Joh. Evang. I. 2. Πάντα δι᾽ αὐτοῦ ἐγένετο. καὶ χωρὶς αὐτοῦ ἐγένετο οὐδὲ ἕν, ὃ γέγονεν.
[2] Joh. Evang. XIV. 6. ἐγώ εἰμι — — καὶ ἡ ἀλήθεια καὶ ἡ ζωή, u. I. 4. ἐν αὐτῷ ζωὴ ἦν.
[3] Ibd. I. 5. καὶ τὸ φῶς ἐν τῇ σκοτίᾳ φαίνει.
[4] Ibd. 4. ἐν αὐτῷ (sc. τῷ λόγῳ) ζωὴ ἦν καὶ ἡ ζωὴ ἦν τὸ φῶς τῶν ἀνθρώπων. I. 9. Ἦν τὸ φῶς τὸ ἀληθινὸν ὃ φωτίζει πάντα ἄνθρωπον ἐρχόμενον εἰς τὸν κόσμον.

Wort (λόγος) gesagt, dass dadurch die Welt geworden ist. Die Welt ist desshalb sein Eigenthum, da es in der Welt ist und die Welt durch dasselbe wird und besteht[1]).

Christus nun, so als **Idee der Welt** gedacht, muss natürlich mit Gott vereinigt werden. Es heisst darum von ihm geradezu, dass das Wort (λόγος) bei Gott war und dass Gott das Wort war[2]). Das Beieinandersein wird zwar zuweilen bildlich als ein räumlicher und nach menschlichen Sitten gepflogener Verkehr dargestellt, z. B. wenn es heisst, dass Christus in dem Schoosse Gottes liegt, also wie Johannes bei Jesus, oder dass er allein den Vater gesehen, also wie der Sohn oder Vertraute eines Monarchen[3]): doch ist die Auffassung unzweifelhaft, dass er **mit Gott als eins und dasselbe** gelten soll, wie z. B. „das Wort war Gott", „ich bin im Vater, der Vater in mir", „wer mich siehet, siehet den Vater[4])." Natürlich soll damit nun nicht etwa die Zweiheit auf eine **Einerleiheit** reducirt werden; sondern das Wort (λόγος) wird immer als Gott in bestimmter Beziehung aufgefasst, nämlich philosophisch ausgedrückt als **Formprincip** oder **Idee**, indem es als Licht und Leben, als Fülle der Wahrheit, als dasjenige, was die Erkenntniss von Gott hat, bezeichnet wird.

---

[1]) Ibd. 10. καὶ ὁ κόσμος δἰ αὐτοῦ (sc. τοῦ φωτός) ἐγένετο. — ἐν τῷ κόσμῳ ἦν. v. 11. εἰς τὰ ἴδια ἦλθεν.

[2]) Joh. Evang. I. 1. Ἐν ἀρχῇ ἦν ὁ λόγος καὶ ὁ λόγος ἦν πρὸς τὸν θεόν καὶ θεὸς ἦν ὁ λόγος.

[3]) Ibd. I. 18. ὁ ὢν εἰς τὸν κόλπον τοῦ πατρός. —

[4]) Ibd. XIV. 10. ἐγὼ ἐν τῷ πατρὶ καὶ ὁ πατὴρ ἐν ἐμοί ἐστιν. — v. 9. ὁ ἑωρακὼς ἐμὲ ἑώρακε τὸν πατέρα.

§. 2. Die Parusie Christi.

Wir können nun aus dem Verhältniss Gottes zur Welt, sofern dasselbe durch die Principien der griechischen Philosophie denkbar gemacht ist, sofort a priori den Schluss ziehen, dass das Formprincip als das Erste auch zugleich in der Gestaltung der Welt als das Letzte, d. h. als Entelechie, als das Vollkommene und die Vollendung der Welt betrachtet werden muss. Darum wird wie oben bei den Griechen (S. 2) Gott als Alpha und Omega und die Letzten werden als die Ersten bezeichnet und Christus einerseits als derjenige, welcher im Anfang war und früher als Abraham, andrerseits als derjenige, welcher erst als die Zeit vollendet war, als die Erfüllung erscheint. Das ὕστερον πρότερον der Teleologie und der Begriff der Entelechie ist also deutlich in der Auffassung Christi gegeben.

Dementsprechend dürfen wir denn auch a priori den Begriff der Anwesenheit (παρουσία) des Wesens erwarten, und zwar wird derselbe voraussichtlich an zwei Stellen auftreten müssen, 1) bei der Fleischwerdung des Wortes und 2) bei der Wiederkunft Christi. Denn in beiden Fällen kommt ja das Wesen Gottes zur Anwesenheit oder Gegenwart unter uns.

Hierbei muss aber zugleich noch auf eine doppelte Auffassung der Parusie aufmerksam gemacht werden, die sich mit Nothwendigkeit aus dem Charakter der religiösen Vorstellung ergiebt. Die tiefere Auffassung wird auch in dem frommen Gemüthe sich nur durch die oben erklärten philosophischen Begriffe vollziehen können; daneben muss aber eine populäre Auffassung entstehen, die sich psychologisch leicht begreifen lässt, obwohl sie in sich natürlich widersprechend ist. Da nämlich Christus als jenes allgemeine, die Welt bildende Princip nur der Vernunftanschauung zugänglich wird, so ist es viel fasslicher, von dem im Fleisch erschienenen Worte, dem Christus als einzelner Person in Fleisch und Blut auszugehen und diese Vorstellung nun auch an den Anfang zu setzen. Dadurch wird dann die Erscheinung oder Parusie Christi nur ein Ortswechsel, nur die Ankunft eines Abwesenden und die Wiederkunft eines früher unter uns Gewesenen. Das Geheimniss, dass Christus zugleich der ideale Grund der Welt und also als allgemeines Formprincip allgegenwärtig und allmächtig die ganze Welt durchdringt, muss dabei freilich zurücktreten vor der Phantasmagorie des Verschwindens und Wiedererscheinens einer leibhaftigen Person. Wir werden daher voraussichtlich diese beiden Auffassungen im Neuen Testamente und in der spätereren dogmatischen und religiösen Litteratur antreffen müssen.

§. 3. Die erste Parusie Christi.

a. Die Fleischwerdung.

Die erste Parusie Christi muss natürlich die Fleischwerdung des Wortes (λόγος) sein. „Und das Wort ward Fleisch und wohnte unter uns und wir sahen seine Herrlichkeit, eine Herrlichkeit als des eingeborenen Sohnes vom Vater, voller Gnade und Wahrheit[1]." Das Fleisch-

---

[1] Evang. Johan. I. 14. *Καὶ ὁ λόγος σὰρξ ἐγένετο καὶ ἐσκήνωσεν ἐν ἡμῖν, καὶ ἐθεασάμεθα τὴν δόξαν αὐτοῦ, δόξαν ὡς μονογενοῦς παρὰ πατρὸς πλήρης χάριτος καὶ ἀληθείας.* Der Begriff der *χάρις* ist mir in der ausgezeichneten Arbeit Meyer's (Comment. 5. Aufl. 1869 S. 89) doch schon zu schulmässig entwickelt: „Aus Gottes Gnade gegen die sündige Menschheit ist er Mensch geworden." Dergleichen findet sich bei Johannes nirgends so als criminalrechtlicher Begriff. Noch weniger aber freilich hat der Verfasser, wie Hilgenfeld will, die Äonen Valentinian's vor Augen gehabt, denn von diesen scholastischen Personificationen ist keine Spur in

werden ist hier offenbar in demselben Sinne genommen, der uns in der Philosophie geläufig ist z. B. wie bei Aristoteles, der im Gegensatze zu der Transcendenz der

---

der Anschauungsweise des Johannes vorhanden. Aber wohl muss man auf die Quellen dieser und aller griechischen philosophischen Denkweisen zurückgehen d. h. auf Aristoteles und Plato, in denen sich ja auch die frühere Ueberlieferung gesammelt hat. Bei Plato und Aristoteles wird man die Chariten als wesentliches Attribut der Gottheit finden. Die χάρις ist die **Ursache der Freude**, also das **Beseligende**, welches dem Vollkommenen überall zugehört. Wir haben dafür im Deutschen nur halb zutreffende Uebersetzungen, wie Gunst, Gnade, Liebe und können daher auch der griechischen und lateinischen Anschauung nicht folgen, wenn sie den **Dank**, den die χάρις hervorruft, wieder mit χάρις bezeichnen, wodurch aber schön die Gesinnung des Beglückten ausgedrückt wird, der seinerseits wieder zu einer vergeltenden **Ursache der Freude** für den Wohlthäter werden möchte. Wesshalb schliesslich das Wort χάρις und gratia zur Präposition wird, welche die freie, willige Bewegungsursache ausdrückt. — Die genauere Entwickelung des Begriffs habe ich in meinem Buche: „Aristoteles Philosophie der Kunst" S. 313—333 gegeben.

Dass die gediegene Erklärung Meyer's dem Sinne des Neuen Testaments entspricht, ist nicht zu leugnen, aber er scheint mir nicht gehörig zu beachten, dass Johannes eine doppelte Quelle der Erklärung verlangt, in höherem Grade noch, als die andern neutestamentlichen Schriften; denn neben der Beziehung auf den **Israelitischen** Gedankenkreis, der hier die Vorstellung der „Rechtfertigung" und der „Heilsgnade" an eigentlich nach dem Gesetz zu verdammende Uebertreter gewährt, muss die Beziehung auf die **Hellenische** Gedankenwelt geltend gemacht werden. Wie in Philo, sehen wir in Johannes entschieden griechische Anschauung angewendet auf die Israelitische Ueberlieferung. Wie Philo nun in seiner pedantischen und abgeschmackten Manier die drei Grazien in Abraham, Isaak und Jacob wiederfindet, so bietet uns Johannes ein viel edleres und geistvolleres Erfassen des griechischen Gedankens, dass die χάρις, d. h. das Beseligende, der Gottheit zukomme. Die Gnade nach Meyer's Auslegung gehört doch immer dem **Willen** der Gottheit an, die auch ungnädig sein könnte; nach Johannes

Idee bei Plato behauptet, dass die Idee (εἶδος) nur die Beschaffenheit giebt, dass aber der wirkliche Mensch als Substanz z. B. **Sokrates oder Kallias eben die Idee in Fleisch und Knochen sei**[1]. Der Ausdruck Fleisch ist daher auch im Johannes im philosophischen Sinne zu nehmen, der mit dem gewöhnlichen Sprachgebrauch übereinstimmt. Diese Bezeichnung der fleischlichen Gegenwart ist, wie wir sehen werden, bei den Kirchenvätern zum stehenden Ausdruck[2] geworden.

b. Der Leib als Zelt.

Ebenso ist die Bezeichnung „wohnte unter uns" oder eigentlich „er schlug sein Zelt unter uns auf", welche bei den Kirchenvätern, besonders bei Clemens Alexandrinus, zur Quelle reicher und wirksamer Vergleiche wird, schon in der späteren Platonischen Schule geläufig.

---

scheint die χάρις, d. h. das Beseligende, aber dem Wesen der Gottheit selbst anzugehören, ebenso wie die Wahrheit, und dies ist die Hellenische Auffassung, und dieses Wesen der Gottheit hat zuerst Christus, der in des Vaters Schosse ruht, geschaut und geoffenbart, während durch Moses das Wesen Gottes nur als Gesetz verkündigt wurde. Die Offenbarung durch Christus ist nach Johannes Prolog nicht die Verkündigung einer neuen Willensstellung Gottes, wonach Gnade statt früherem Zorn gewährt wird, sondern die Offenbarung des vollen (πλήρωμα) göttlichen Wesens selbst, welches an sich selbst die beseligende Wahrheit ist. — Der Unterschied meiner Erklärung von der Meyer's ist keine blosse Subtilität, sondern so durchschlagend, wie überhaupt Hellenische von Israelitischer Auffassung sich scheidet.

[1]) Arist. Metaphys. Z. 8. 1034. a. 5. τὸ δ'ἅπαν ἤδη τὸ τοιόνδε εἶδος ἐν ταῖσδε ταῖς σαρξὶ καὶ ὀστοῖς Καλλίας καὶ Σωκράτης. Ebenso die Scheibe im Erz, das Haus in den Ziegeln im Gegensatz zu dem bloss abstracten Begriffe derselben. Ebds. 1033. b. 15. τὸ δ'ἅπαν τὸ γεγονὸς οἷον ἡ χαλκῆ σφαῖρα opp. οἰκία παρὰ τὰς πλίνθους.

[2]) ἡ ἔνσαρκος παρουσία. Vergl. unten z. B. Athanasius.

So z, B. heisst es im Axiochus: „denn wir sind Seele, ein unsterbliches Lebendiges eingeschlossen in einem sterblichen Gefängniss; aber dieses Zelt hat uns die Natur als ein Uebel umgethan u. s. w.[1]." Ebenso im Lokrischen Timäus über die Weltseele, wo es z. B. heisst, dass unser vernünftiger Seelentheil im Haupte wohnt und über das ganze Zelt gesetzt ist[2]). Auch an andern Stellen desselben wird der Leib schlechtweg als Zelt bezeichnet, wie dies denn im Neuen Testamente im zweiten Briefe Petri ebenfalls ohne Vergleichungspartikeln geschieht[3]): „So lange ich in diesem Zelte (Leibe) bin."

c. Die göttliche Natur.

Es ist passend, hierbei zu erinnern, dass das Wort oder der ideale Grund der Welt auch im Neuen Testament mit dem im philosophischen Sprachgebrauch üblichen Worte Natur ($\varphi\acute{v}\sigma\iota\varsigma$) ausgedrückt wird. So bezeichnet Paulus die durch das Formprincip bestimmte richtige Ordnung der Welt als das Natürliche von dem man nicht abweichen darf und wendet dabei die philosophisch feststehenden Ausdrücke gemäss ($\varkappa\alpha\tau\grave{\alpha}$) der Natur und gegen ($\pi\alpha\varrho\grave{\alpha}$) die Natur an z. B. „die Weiber haben verwandelt den natürlichen ($\varphi\upsilon\sigma\iota\varkappa\grave{\eta}\nu$) Gebrauch in den gegen die Natur ($\pi\alpha\varrho\grave{\alpha}\ \varphi\acute{v}\sigma\iota\nu$)[4])", oder „die Natur selbst ($\alpha\grave{v}\tau\grave{\eta}\ \acute{\eta}\ \varphi\acute{v}\sigma\iota\varsigma$) lehret, dass es einem Manne eine Unehre ist, so er langes Haar zeuget u. s. w.[5])." Darum

---

[1]) Plat. Axiochus 365. e. ἡμεῖς μὲν γὰρ ἐσμεν ψυχή, ζῶον ἀθάνατον ἐν θνητῷ καθειργμένον φρουρίῳ· τὸ δὲ σκῆνος τουτὶ πρὸς κακοῦ περιήρμοσεν ἡ φύσις κ. τ. λ.

[2]) Plat. Tim. Locr. 100. καθάπερ ὑπάτῳ τῷ σκάνεος ἅπαντος.

[3]) Petr. ep. II. 1. 13. ἐφ᾽ ὅσον εἰμὶ ἐν τούτῳ τῷ σκηνώματι. 1. 14. ἡ ἀπόθεσις τοῦ σκηνώματός μου.

[4]) Paul. Röm. I. 27.

[5]) Paul. Corinth. I. 11. 14.

findet sich dementsprechend der Ausdruck Natur auch direct auf Gott bezogen, und es wird (mit dem Platonischen Ausdruck „Gemeinschaft") als unser Ziel bezeichnet, „Gemeinschaft an der göttlichen Natur zu gewinnen[1]).

d. Luthers Uebersetzung der Parusie im Widerspruch mit unserem jetzigen Sprachgebrauch.

Bei Luther ist nun die Parusie überall durch Zukunft übersetzt. Diese Uebersetzung ist tadellos, aber nur für seine Zeit; denn er verstand darunter die Ankunft und demnach auch Anwesenheit, wie sich aus den zahlreichen Stellen alten und neuen Testamentes ergiebt, wo die Ankunft oder Anwesenheit eines Fürsten oder Jüngers nach dem S. 16 erwähnten gewöhnlichen griechischen Ausdruck von ihm durch „Zukunft" derselben wiedergegeben wird z. B. „ich freue mich über der Zukunft Stephana's", nämlich darüber dass Stephanas zu ihm gekommen und bei ihm anwesend war[2]). Da wir aber jetzt den Ausdruck Zukunft immer im Gegensatz zur Gegenwart und Vergangenheit auffassen, so muss uns seine Uebersetzung nothwendiger Weise als widersprechend erscheinen und unverständlich bleiben, bis wir sie aus dem alterthümlichen und richtigen Sinne des Wortes uns erklärt haben.

---

[1]) Petri ep. II. 1. 4. ἵνα γένησθε θείας κοινωνοὶ φύσεως. Aber auch der Platonische Begriff der μέθεξις, wonach ein Werdendes an einem Allgemeinen oder Seienden theilnimmt, und dadurch das Prädicat von demselben erhält, findet sich häufig im neutestamentlichen Sprachgebrauch, wie die Wörter μετέχειν, μετοχή, 2. Cor. 6. 14) μέτοχος (Hebr. 6. 4) und συμμέτοχα (Ephes. 3. 6 und 5. 7) bezeugen.

[2]) Paul. Corinth. I. 16. 17. ἐπὶ τῇ παρουσίᾳ Στεφανᾶ. Vergl. Commentar über das N. T. Meyer II. 5. Abth. 3. Aufl. S. 382.

e. Die Parusie bedeutet im Neuen Testament und im gewöhnlichen classischen Griechisch niemals etwas Zukünftiges.

Da nun die Exegeten des Neuen Testamentes gegenwärtig wie es scheint, die Parusie Christi ausschliesslich auf die zukünftige sogenannte **Wiederkunft** desselben beziehen, so muss hier zuerst festgestellt werden, dass der Ausdruck Parusie überall im Neuen Testamente **nur die Gegenwart oder Anwesenheit** bedeutet. Als Zeuge dafür muss uns Paulus dienen und zwar an den Stellen, wo die Parusie kein technischer sondern nur der gewöhnliche Ausdruck ist; denn von dem gewöhnlichen Sprachgebrauch hat man immer auszugehen. Nun freut sich Paulus über die Parusie d. i. Anwesenheit des Stephanas[1]), tröstet sich an der Parusie d. i. Anwesenheit des Titus, wie auch dadurch, dass derselbe ihm von der Sehnsucht der Freunde nach ihm gewisse Kunde mitgebracht hatte[2]), er macht darauf aufmerksam, dass er nicht bloss in Briefen stark, aber in der Parusie des Leibes d. i. leiblicher Anwesenheit schwach sei, sondern dass den Worten in den Briefen, wenn er **abwesend** sei, auch die Wirklichkeit entspreche, wenn er **anwesend** sei[3]); er hofft die Philipper durch seine wiederholte Parusie d. i. Anwesenheit zu kräftigen. Hier darf man wohl Rückkehr, Wiederkunft übersetzen, muss aber nicht vergessen, dass dieser Sinn nur durch das hinzugefügte Wort „wieder" ($\pi\acute{a}\lambda\iota\nu$) ermöglicht wird. Endlich setzt er an einer andern Stelle ausdrücklich seine Apusie d. i. Abwesenheit, der Parusie d. i. Anwesenheit entgegen, wo auch Luther „Gegenwärtigkeit" übersetzt[4]). Dies

---

[1]) Paul. Corinth. I. 16. 17.
[2]) Paul. Corinth. II. 7. 6.
[3]) Paul. Corinth. II. 10. 10.
[4]) Paul. Philipp. 2, 12.

sind alle Stellen, in denen die Parusie im gewöhnlichen Sinne vorkommt und es ergiebt sich also mit Sicherheit, dass der Begriff des Zukünftigen in diesem Worte nicht vorhanden ist. — Dass aber auch die Classiker immer nur das Gegenwärtige damit meinen, wird schon durch die Ausdrucksweisen „nach den gegenwärtigen gegebenen Verhältnissen" (ἐκ τῶν παρόντων) und „für den Augenblick" (εἰς τὸ παρόν), sowie durch den häufigen Gegensatz des „Gegenwärtigen und Zukünftigen" (παρόν und μέλλον) hinreichend belegt.

f. Epiphanie und Parusie.

Für diejenigen, welche wie Luther die Parusie nur als Wiederkunft Christi deuten wollen, ist es wichtig zu bedenken, dass der Ausdruck Epiphanie an mehreren Stellen mit dem der Parusie abwechselt, wodurch der Schluss erlaubt ist, dass *wenn die Epiphanie auf die Fleischwerdung bezogen werden kann, auch die Parusie dasselbe Recht hat.* Nun steht z. B. im ersten Briefe an Timotheus „bis auf die Erscheinung (ἐπιφάνεια) unseres Herrn Jesu Christi" im Sinne von Parusie[1]), ebenso im zweiten Briefe an denselben, woselbst freilich schon vielleicht die Beziehung auf die Menschwerdung erlaubt wäre[2]); an einer andern Stelle werden beide Begriffe cumulirt „durch die Erscheinung seiner Gegenwart" (τῇ ἐπιφανείᾳ τῆς παρουσίας αὐτοῦ) wie Lünemann übersetzt[3]). Huther will unter Erscheinung das blosse Ein-

---

[1]) Paul. ad Timoth. I. 6. 16. μέχρι τῆς ἐπιφανείας τοῦ κυρίου κ. τ. λ.

[2]) Paul. ad Timoth. II. 4. 1. διαμαρτύρομαι ἐνώπιον τοῦ θεοῦ καὶ Χριστοῦ Ἰησοῦ τοῦ μέλλοντος κρίνειν ζῶντας καὶ νεκροὺς καὶ τὴν ἐπιφάνειαν αὐτοῦ καὶ τὴν βασιλείαν αὐτοῦ.

[3]) Paul. Thess. II. 2. 8. τότε ἀποκαλυφθήσεται ὁ ἄνομος, ὃν ὁ κύριος Ἰησοῦς ἀναλώσει τῷ πνεύματι τοῦ στόματος αὐτοῦ, καὶ καταργήσει τῇ ἐπιφανείᾳ τῆς παρουσίας αὐτοῦ.

treten oder mit Bengel das erste Erglänzen wie der erste Schimmer des Tages verstehen, was aber im Worte nicht liegen kann. Begrifflich und sprachlich richtiger sieht Olshausen in Parusie die objective Seite, das Thatsächliche, und in Epiphanie die subjective Seite d. h. das Anschauen und Innewerden derselben[1]). Allein dieser feinen Deutung ist der Sprachgebrauch nicht entsprechend und daher vielleicht die bloss rhetorische Erklärung vorzuziehen, dass die Cumulirung zweier dem Begriff nach zwar verschiedener, dem Gegenstande nach aber synonymer Ausdrücke die Wirklichkeit der Sache kräftiger giebt, wobei noch der Parallelismus der beiden Relativsätze in allen Satzgliedern mitwirkt: „Dann wird der Böse offenbar werden, den der Herr Jesus aufheben wird durch den Athem seines Mundes und entkräften wird durch die Erscheinung seiner Gegenwart." In beiden Sätzen ist das Mittel durch eine Hendiadys gegeben. Dass die Epiphanie wesentlich auch als die vollbrachte Thatsache gefasst wurde, sieht man aus dem kirchlichen Gebrauch, wonach die Sonntage nach Epiphanien auf das Weihnachtsfest folgen, während die Adventszeit vorhergeht, obgleich Advent später die eigentliche Uebersetzung von Parusie ist.

Ausserdem kommt nun aber die Epiphanie auch zweifellos für die Fleischwerdung vor: „Gott hat uns selig gemacht und berufen mit einem heiligen Ruf, nicht nach unsern Werken, sondern nach seinem Vorsatz und Gnade, die uns gegeben ist in Christo Jesu vor der Zeit der Welt, jetzt aber geoffenbaret durch die Erscheinung unseres Heilands Jesu Christi, der dem Tode die Macht genommen und das Leben und ein unvergängliches Wesen an das Licht gebracht"

---

[1]) Lünemann zur Stelle Commentar 2. Aufl. S. 202.

u. s. w.¹). Es wird hier, wie es der Begriff der Parusie fordert, beiden Elementen Genüge gethan, nämlich dem idealen vorzeitlichen Grunde einerseits und der zeitlichen Verwirklichung andererseits, wobei Anfang und Ende identisch sein müssen; denn das geoffenbarte Licht und Leben ist eben jene Gnade vor der Zeit der Welt, und die Vermittelung ist gerade die Erscheinung (Epiphanie).

g. Zweiter Brief Petri, die erste Parusie.

In demselben Sinne kommt nun auch die Parusie vor im zweiten Briefe Petri. Da hier aber mehrere ausgezeichnete Commentatoren, wie vor Allen Huther, unter Parusie nur die Wiederkunft verstehen wollen, im Gegensatz zu Vatablus, Erasmus, Hornejus, Pott, Jachmann u. A., welche die irdische Geburt Christi darunter verstehen, so müssen wir uns hier auf einige kritische und philologische Untersuchungen einlassen.

Die Parusie im ersten Capitel kann nicht Wiederkunft bedeuten.

Zuerst ist es falsch, wenn Huther die Parusie Christi im ersten Capitel mit der Parusie im zwölften Verse des dritten Capitels zusammenbringt; denn im ersten Capitel heisst es: „wir haben euch kund gethan die Kraft und Erscheinung unseres Herrn Jesu Christi, und sind selbst Zeugen seiner Verklärung gewesen"²), was sich also nur auf etwas Geschehenes und Vergangenes bezieht und auf keine irgendwie mögliche Weise auf ein

---

¹) Pauli ad Timoth. II. 1. 9. χάριν τὴν δοθεῖσαν — πρὸ χρόνων αἰωνίων, φανερωθεῖσαν δὲ νῦν διὰ τῆς ἐπιφανείας τοῦ σωτῆρος ἡμῶν Ἰησοῦ Χριστοῦ, καταργήσαντος μὲν τὸν θάνατον, φωτίσαντος δὲ ζωὴν καὶ ἀφθαρσίαν διὰ τοῦ εὐαγγελίου.

²) Petri epist. II. 1. 16. ἐγνωρίσαμεν ὑμῖν τὴν τοῦ κυρίου ἡμῶν Ἰησοῦ Χριστοῦ δύναμιν καὶ παρουσίαν, ἀλλ᾽ ἐπόπται γενηθέντες τῆς ἐκείνου μεγαλειότητος.

Zukünftiges gehen kann; am Ende des letzten Capitels aber heisst es: „erwartet die Erscheinung des Tages des Herrn, durch welchen die Himmel in Feuer gelöst und die Elemente verbrannt schmelzen werden."[1]) Hier ist also von dem Tage des Herrn, von dem Tage des Gerichts die Rede, der erscheinen wird. Die Erscheinung des Herrn und die Erscheinung des Tages des Gerichts ist nicht dasselbe und weil der eine erschienen ist und der andere zukünftig erscheinen wird, beide also das Erscheinen gemeinschaftlich haben, daraus folgt nur nach schlechter Logik, dass beides identisch ist. Vergangenes und Zukünftiges kann nicht zusammenkommen und der Verfasser sagt nicht, dass er die Verbrennung der Welt auf dem Berge Tabor mit angesehen habe.

Zweitens. Da nun Huther von dieser falschen Voraussetzung ausgeht, so muss sich natürlich aus Falschem auch Falsches ergeben; er muss den Sinn des ersten Capitels und des ganzen Briefes falsch deuten, damit die Worte des Textes seiner Voraussetzung nicht widersprechen.

Der Zweck des Briefes.

Was nun den Zweck des ganzen Briefes betrifft, so behauptet Huther, dass die Grundidee desselben die Erkenntniss (ἐπίγνωσις) Christi sei, diese bestehe aber in der Erkenntniss der Machtfülle des verklärten Herrn bei seiner Wiederkunft; die Förderung dieser Erkenntniss sei Grund und Ziel aller christlichen Tugendübung und Hauptpunkt aller Ermahnung und der Verfasser bemühe sich desshalb besonders, die gewisse Erfüllung jener

---

[1]) Ibid. 3. 12. προσδοκῶντας καὶ σπεύδοντας τὴν παρουσίαν τῆς τοῦ θεοῦ ἡμέρας, δι᾽ ἣν οὐρανοὶ πυρούμενοι λυθήσονται καὶ στοιχεῖα καυσούμενα τήκεται.

Verheissungen zu beweisen und den ungläubigen Zweifel der Irrlehrer zu widerlegen[1]).

Eine unbefangene Analyse des Inhalts zeigt uns aber erstens, dass in dem ganzen ersten Theil, wenn wir von dem strittigen Worte Parusie absehen, nichts vorkommt, was zur Bekräftigung der Gläubigen in der Hoffnung und Erwartung eines Zukünftigen dienen könnte sondern alle Ermahnungen und Behauptungen gehen bloss, wie auch Huther bei der Erklärung der einzelnen Worte festhalten muss, auf Erkenntniss Christi, wie diese ja auch natürlich der Mittelpunkt des christlichen Lebens ist, und nicht bloss einseitig auf das zukünftige Weltgericht[2]). Und zweitens die Irrlehren beziehen sich auch

---

[1]) Huther Commentar. S. 235. u. S. 277.

[2]) Ich freue mich hierin auch der Uebereinstimmung mit dem scharfsinnigen Calvin, der an eine Möglichkeit, die Parusie im ersten Kapitel auf die Wiederkunft zu beziehen, gar noch nicht gedacht zu haben scheint. Er schreibt (Comment. ed. Tholuck ed. IV. vol. VIII. p. 278): Quoniam autem totius pietatis fundamentum est evangelii certitudo, quam indubia sit ejus veritas, primum ex eo demonstrat, quod ipse omnium, quae illic habentur, oculatus fuerit testis, ac praesertim quod Christum audierit e coelo pronuntiari Dei Filium: deinde quod prophetarum oraculis Deus illam testatam ac comprobatam esse voluerit. Für Calvin handelt es sich im ganzen Briefe nur um die Bekräftigung der evangelischen Wahrheit überhaupt, d. h. um die wirkliche Fleischwerdung Gottes und deren beseligende Wirkung für uns. Darum erklärt er I. 16. Christi potentiam et adventum unbefangen und ungezwungen im Sinne der Fleischwerdung, worin ja für den Gläubigen die Summe des ganzen Evangeliums enthalten ist. Non dubium quin his verbis Evangelii summam comprehendere voluerit, ut certe nihil praeter Christum continet, in quo absconditi sunt omnes sapientiae thesauri. Duas autem partes distincte ponit: nempe quod exhibitus in carne fuerit Christus: deinde qualis sit virtus ejus et efficacia. Sic enim integrum habemus Evangelium, ubi eum, qui promissus olim fuerat Redemptor, scimus e coelo venisse, induisse carnem nostram, versatum esse in mundo,

nirgends auf die Zukunft Christi, sondern nur auf gegenwärtigen Libertinismus.

Inhalt des ersten Capitels.

Ich würde desshalb den Inhalt des Briefes folgendermassen eintheilen und erklären. 1) I. Cap. — v. 12 Der Verfasser verkündet die christlichen Tugenden, welche mit der Erkenntniss (ἐπίγνωσις) Christi verknüpft sind und den Eingang in das ewige Königreich Christi vermitteln.

2) I. v. 12—21. Obgleich er weiss, dass diese Wahrheit sich in der Gemeinde, an die er sich wendet, schon befestigt hat, will er doch, da er sein Ende herannahen glaubt, sie noch mehr darin befestigen und erinnert sie desshalb an zweierlei, erstens daran, dass er ihnen die göttliche Kraft Christi und deren Erscheinung nicht durch selbstausgeklügelte Geschichten kund gethan, sondern dass er dieselbe durch eigenes Erlebniss bezeugen kann, und zwar erwähnt er hier ausdrücklich, was allein massgebend sein kann, dass er die Verklärung Christi auf dem heiligen Berge gesehen, wo eine himmlische Stimme die Gottessohnschaft Christi in welchem Gott verherrlicht werde, selbst deutlich offenbarte, und dass er diese Stimme selbst gehört hat. Denn, dass er den Menschen Christus gesehen und mit ihm gelebt hat, kann natürlich Niemand für einen Beweis der Göttlichkeit (θεία φύσις) Christi annehmen; um diese zu bezeugen, müsste er entweder die Wunder anführen, oder er könnte, wie er es thut, einen Augenblick aus dem Leben Christi wählen, in welchem von Seiten des Himmels die göttliche Natur Christi anerkannt wurde. Da der Verfasser

---

morte esse defunctum et tandem resurrexisse. Dass Calvin gar nicht einmal an die Wiederkunft denkt, ist schon ein Zeichen für die Künstlichkeit dieser exegetischen Hypothese.

aber natürlich nicht verlangen kann, dass man sein Zeugniss sofort als hinreichend annehme, so bringt er zweitens bescheiden noch festere Beweise, d. h. solche, die sich auf eine grössere Autorität stützen, als auf das Ansehen das er selbst immerhin schon geniesst, nämlich die Propheten, welche die Erscheinung des Messias verkündigt haben. Diese haben nicht durch eigene Reflexion ihre Weissagung gefunden, sondern wurden vom heiligen Geiste dazu getrieben. Ihre Autorität ist also die festeste. Allein diese konnten die Erscheinung des Messias nur als eine künftige anzeigen und nicht wie der Verfasser als eine vollbrachte; darum sollen sich die Angeredeten an dieses prophetische Licht vorläufig halten, bis dem Dunkel ihres noch zweifelnden Herzens der Morgenstern der Erkenntniss aufgeht und die Gewissheit tagt, die der Verfasser als Zeuge der himmlischen Anerkennung Jesu schon besitzt[1].

---

[1] An dieser Stelle kann ich Calvin nicht beistimmen, der den Tag, wann der Morgenstern aufgeht, auf die Zeit bezieht, wo wir von Angesicht zu Angesicht Gott schauen, und unser ganzes Leben als den dunkeln Ort betrachtet, in dem wir nur als in einem trüben Spiegel erkennen können, wobei, wie er meint, die Propheten von dem Evangelium nicht unterschieden werden. In summa, admonet Petrus, quamdiu peregrinamur in mundo, egere nos prophetarum doctrina tanquam lucerna directrice, qua exstincta nihil quam in tenebris errare possumus. Neque enim prophetias ab Evangelio disjungit cet. Dagegen ist zu bemerken, dass erstens die ganze Stelle den Gegensatz der prophetischen Zeugnisse gegen die Evangelische Erfüllung zweifellos hervorhebt. Zweitens ist der dunkle Ort nicht das ganze Leben, sondern zunächst die vorchristliche Zeit, in welcher das Licht schien als in der Finsterniss (Joh. Evang. I.) und zwar grade durch die Propheten; dann aber sind es auch die Herzen der Menschen, bis sie Christum erkannt haben, wie es ja heisst: Joh. Evang. 12, 16: „Ich bin gekommen in die Welt ein Licht, auf dass, wer an mich glaubet, nicht in Finsterniss bleibe." Joh. 12, 35. Joh. 8, 12. „Ich bin das Licht der Welt; wer mir nach-

Inhalt des zweiten Capitels.

Das zweite Capitel schliesst sich eng hieran. Da der Verfasser an sein eigenes baldiges Ende denkt, so muss er für die Zukunft der Gemeinde sorgen.. Er erinnert sie desshalb, dass sie zwar jetzt den Weg der Wahrheit wissen, dass es aber wie in früheren Zeiten, so auch gewiss nachher falsche Lehrer geben wird, welche viele mit sich fortreissen werden, indem sie durch geistreichen, aber täuschenden Witz die Wahrheit überbieten und die bisher Gläubigen gewinnen [1]). Er schil-

---

folgt, der wird nicht wandeln in Finsterniss, sondern wird das Licht des Lebens haben." Joh. 11. 9. In demselben Sinne sagt der Verfasser unseres Briefes: I. 9. „Wer die Erkenntniss Christi nicht hat, der ist blind und tappet mit der Hand." Ausserdem ist offenbar, dass der Apostel nicht von sich mit redet, sondern das Zeugniss der Propheten den noch Zweifelnden empfiehlt („ihr thut wohl, dass ihr darauf achtet"). — Zugleich ist die Besorgniss Calvins unnöthig, als wenn dadurch die Propheten nach der Offenbarung überflüssig würden, denn sie behalten ja ihre Stelle als hinweisend und ihre Weissagung bezeugt und bekräftigt immer die geschehene Erfüllung. .

[1]) Petr. II. 2. 3. καὶ ἐν πλεονεξίᾳ πλαστοῖς λόγοις ὑμᾶς ἐμπορεύσονται. Die Commentatoren scheinen mir hier fehl zu greifen. Von Geiz und Gewinnsucht ist im Texte keine Spur: es handelt sich nicht um eine finanzielle Ausbeutung der Gemeindeglieder, vor welcher der Apostel als Oekonom zu warnen hätte. Die Pleonexie ist bloss ein Mehrhabenwollen ohne ausschliessliche Beziehung auf materiellen Gewinn: hier (wie sonst das περισσεύειν) geht es bloss auf ein Uebergewicht an Beweisen (λόγοι): durch ihre ersonnenen Beweisführungen scheinen die falschen Lehrer mehr Recht zu haben als die Wahrheit. Diese als geringer an Beweismitteln wird desshalb weggegeben und so haben sie euch gewonnen, nicht aus euch Vortheil gezogen, sondern euch selbst ganz für sich erworben. Die Pleonexie ist desshalb dies, dass sie nicht bei der Wahrheit bleiben, sondern in einem durch fleischliche Gesinnung veranlassten Streben es besser wissen wollen als die Wahrheit, klüger sein wollen als diese und die Verführten als Beute, d. h. als Anhänger erwerben.

dert nun ausführlich die fleischliche Gesinnung dieser
Leute, welche eine falsche Freiheit predigen, und warnt
vor Verführung durch dieselben, da es besser sei, die
Wahrheit nicht erkannt zu haben, als nach der gewonnenen Erkenntniss wieder in den früheren Schmutz der
Welt zu versinken, wie „die Sau, die sich nach dem Bade
wieder im Schlamme wälzt."

Inhalt des dritten Capitels.

Während der Apostel im zweiten Capitel keine Behauptungen dieser falschen Propheten anführt und sie
desshalb nur wegen ihres Libertinismus mit dem Tage
des Gerichtes bedroht, so zeigt er nun im dritten Capitel,
um seine Anhänger in der reinen Erkenntniss zu erhalten, den Hauptbeweis der zukünftigen Spötter und widerlegt ihn. Diese werden nämlich sagen, es sei ja aus
der Verkündigung der Erscheinung Christi nichts geworden, denn es sei ja Alles beim Alten geblieben und
seit dem Tode der Väter habe sich nichts in der Welt
verändert. Diesen Zweifel an der Erfüllung der Messiashoffnung, den Zweifel an der wirklich stattgehabten Erscheinung des Herrn muss der Apostel beantworten. Es
ist klar, dass diesem Argumente gegenüber, das sich auf
die Unveränderlichkeit der Welt stützt („von Anbeginn
der Welt bis jetzt ist Alles geblieben wie es ist", III.
v. 5.) der Apostel nun weder mit seinen individuellen
Erlebnissen, noch mit den gewichtigeren prophetischen
Weissagungen etwas ausrichten kann, sondern er muss
zeigen können, dass sich doch etwas in der Welt verändert hat. Dafür erblickt er nun die Sündfluth als Beweis. Die aus Wasser gebildete Welt ist schon einmal
durch Wasser zu Grunde gegangen gewesen; die darauf
entstandene Welt, in der wir leben, kann desshalb auch
wieder zu Grunde gehen, und zwar wird dieses durch

Feuer geschehen[1]), und zwar plötzlich, ehe die Spötter es erwarten, die an dem Tage des Gerichts ihre Strafe bekommen werden, ebenso wie denen, welche in christlicher Frömmigkeit bestehen, ein neuer Himmel und eine neue Erde dann bereitet werden wird. Die Vorstellung von der Wiederkunft Christi oder dem Tage des Gerichts ist desshalb durchaus nicht Zweck und Mittelpunkt des ganzen Briefes, sondern nur ein dienendes Mittel. Sie soll dienen, um diejenigen, welche an den vorausverkündigten und erschienenen Erlöser nicht glauben und sich im Vertrauen auf die Unveränderlichkeit der Welt einem zügellosen Leben hingeben, zu erschrecken und aus ihrer skeptischen fleischlichen Sicherheit aufzurütteln; andrerseits um diejenigen, welche zwar an die erschienene göttliche Natur Christi geglaubt haben, aber wegen der nach dem Tode Christi scheinbar wiederhergestellten Alltagsordnung der Welt dem Zweifel der Spötter ihr Ohr leihen könnten, durch eine grosse Hoffnung zu trösten und zu kräftigen.

Ueber den Sinn des Epilogs.

Der Schluss enthält eine Vertheidigung des Paulus, die von einer Warnung vor ihm nicht sehr verschieden ist. Der Verfasser lobt zwar den geliebten Bruder, hebt aber besonders seine grosse Weisheit hervor, die seine Schriften schwerverständlich und gefährlich mache, da

---

[1]) Die Beweisführung ist zu einfach, als dass man glauben könnte, der Verfasser hätte die gelehrten Juden mit im Auge gehabt, welche wie Philo (freilich in einer angezweifelten Schrift) mit wissenschaftlicher Umsicht alle Gründe für die Möglichkeit einer Weltverbrennung geprüft hatten und zu der Entscheidung kamen, dass die Welt schlechthin unzerstörbar und die Welterneuerung unmöglich sei. Vergl. die interessante Untersuchung Philo's de incorr. mundi Mangey p. 504 seqq., wobei die verschiedenen Theorien der Stoiker über die Weltverbrennung dargelegt werden.

die weniger Gebildeten und nicht ganz Befestigten sie verdrehen und dadurch zum Verderben kommen[1]). Indem sie dies Alles nun im Voraus wüssten, möchten sich die Gläubigen in Acht nehmen, nicht mit in diese Verwirrung hineinzugerathen, sondern möchten fest bleiben. Fast sollte man diesen Schluss so deuten, als habe der Verfasser zuerst die eigentlichen ungläubigen Libertinisten gezeichnet, dann aber diejenige Richtung unter den Gläubigen selbst namhaft gemacht, die durch zu grosse eigene Weisheit indirekt auch zur Verwirrung und zum Verderben führen könne.

Deutung des Einzelnen. 1. Die Kraft Christi.

Was das Einzelne betrifft, so scheint mir Huther auch den Ausdruck Kraft ($δύναμις$) misszuverstehen in den Worten: „wir haben nicht mit selbstausgeklügelten Geschichten die Kraft und Erscheinung unseres Herrn Jesu Christi kundgethan." Denn da Huther unter Erscheinung ($παρουσία$) hier die Wiederkunft beim Weltgerichte versteht, so muss er auch die Kraft als „die Machtfülle des verklärten Herrn, wie sie sich namentlich in seiner Wiederkunft offenbaren wird"[2]), auffassen. Allein diese Beziehung auf das Weltgericht ist durchaus willkürlich und nur durch eine unnütze Voraussetzung hineingetragen; man muss sich vielmehr an den unmittelbaren Zusammenhang halten. „Die göttliche Kraft ($θεία$ $δύναμις$) Christi hat uns Alles, was zum wahren Leben und zur Frömmigkeit dient, geschenkt"[3]), „an dieser göttlichen Natur ($θεία$ $φύσις$) sollen wir Antheil

---

[1]) Im Gegensatz zur $σοφία$ des Paulus und dem $δυνατόν$ stehen die $ἀμαθεῖς$ $καί$ $ἀστήρικτοι$. Es ergiebt sich daraus das $στρεβλοῦν$ und die $τῶν$ $ἀθέσμων$ $πλάνη$, die zur $ἀπώλεια$ führt.

[2]) Meyer l. l. p. 277 med. 1852.

[3]) Petr. epist. II. 1. 3.

gewinnen"[1]), diese selbe göttliche Kraft und Natur hat der Apostel als eine erschienene bezeugt und kundgethan[2]). Seine Verkündigung und sein Zeugniss bezieht sich nothwendig auf zwei Punkte: 1) auf die Göttlichkeit Christi; 2) auf seine Anwesenheit oder die Wirklichkeit seiner Erscheinung. Darum liegt in den folgenden Worten die unmittelbare Erklärung des Wortes Kraft (δύναμις), nämlich: „wir sind selbst Zeugen seiner Majestät oder Herrlichkeit (μεγαλειότης) gewesen" Die Kraft Christi ist also seine göttliche Majestät, und ihre Anwesenheit oder Wirklichkeit ist verbürgt durch die Thatsache der Wahrnehmung von Seiten des Apostels[3]).

2. Parusie als Wiederkunft gefasst hebt den Zusammenhang der Gedanken auf.

Nähme man aber wirklich Huther's Deutung an, so müsste der Zusammenhang der Gedanken sie nothwendig machen. Huther hütet sich aber wohl dies zu zeigen, sondern geht darüber mit den Worten weg: „der Zusammenhang dieses Verses mit dem Vorhergehenden ergiebt sich leicht, wenn man bedenkt, dass dem Verfasser jene Verklärungsglorie Christi als Vorbild der Herrlichkeit Christi bei seiner Wiederkunft gilt." Das wäre freilich eine ganz logische Gedankenverknüpfung; aber der Apostel selbst sagt nichts von dieser Vorbildlichkeit, und wir dürfen doch, wenn nicht alle Interpretationsgesetze überflüssig werden sollen, verlangen, dass uns der Verfasser selbst auf die Spur hilft, dass er durch ein Wörtchen den Zusammenhang andeutet; denn durch willkürliche Zwischengedanken kann man auch

---

[1]) Ibid. II. 1. 4.
[2]) Vergl. Anmerk. 2 zu S. 35.
[3]) Petr. ep. II. 1. 17. ἀλλ' ἐπόπται γενηθέντες τῆς ἐκείνου μεγαλειότητος.

die heterogensten Dinge verknüpfen. Wenn aber der Verfasser sagt: „wir verkünden Euch die Wiederkunft Christi, denn wir sind bei der Verklärung zugegen gewesen", so fehlt dabei jeder logische Zusammenhang, während nach unserer Deutung kein Zwischengedanke nöthig ist: „wir verkünden Euch die wirklich geschehene Fleischwerdung Gottes; denn wir sind Zeugen gewesen der vom Himmel aus erfolgten Anerkennung Christi als Gottessohn."

3. Warum die prophetische Weissagung fester und gewisser ist.

Noch schwieriger wird aber die Noth der Ausleger, wenn sie die folgenden Worte deuten sollen, worin die prophetischen Messias-Weissagungen als noch **fester und gewisser** ($\beta\varepsilon\beta\alpha\iota\acute{o}\tau\varepsilon\varrho o\nu$) bezeichnet werden. Was muss man für ein Jude sein, um den Propheten mehr zu glauben, als der eigenen Stimme Gottes aus dem **Himmel**! Luther machte desshalb aus dem Comparativ den Positiv und sagt: „wir haben ein festes prophetisches Wort." Aber es sei fester sagt der Text. Als was und wiefern, fragen die Ausleger. Dietlein und De Wette erklären desshalb: fester jetzt, nachdem wir jenes gesehen und gehört. Aber De Wette selbst und Huther widerlegen die Möglichkeit der Deutung, weil die Partikel jetzt ($\nu\tilde{\upsilon}\nu$) im Text fehlt und das Folgende damit nicht stimmt. Calvin meint, der Apostel spreche hier nicht von seinem Standpunkt, sondern im Sinne seiner Nation, da nach der Meinung der Juden die Propheten unzweifelhaft Gottes Wort verkündeten und sie das Alterthum für sich hätten.[1]) Steiger will: „fester

---

[1]) Calvin ist hier scharfsinnig wie immer; dennoch scheint er mir das Ziel nicht zu treffen. Er schreibt im Comment. zur Stelle: Non ergo hic quaestio est, an plus fidei mereantur prophetae quam Evangelium: sed tantum respicit Petrus, quantum illis defer-

als jede äusserliche Offenbarung, selbst als eine Stimme vom Himmel ist das durch Inspiration gegebene prophetische Wort." Huther endlich löst den Knoten so: „dem Verfasser konnte, was er auf dem Berge der Verklärung gesehen, noch nicht als ganz sicheres Zeugniss gelten, da dasselbe zwar die Herrlichkeit Christi in den Tagen seines Fleisches offenbarte, aber nicht geradezu seine dereinstige Wiederkunft in Herrlichkeit bestätigte — anders verhält es sich mit dem prophetischen Wort, dieses nämlich redet von der Erscheinung Christi so, dass es durch die Menschwerdung noch keineswegs vollkommen erfüllt ward, sondern auf die dereinstige Wiederkunft hinweist — und ist darum sicherer und zuverlässiger als das Verklärungszeugniss." Diese Deutung Huther's ist interessant; sie zeigt wie fein und geschickt man Auswege suchen muss, wenn man sich in die Verlegenheit und Verwirrung hineinbringt durch die Voraussetzung, dass der Apostel von der dereinstigen Wiederkunft Christi spreche; denn diese konnte natürlich durch die Verklärung nicht bewiesen werden. Aber weil sie das nicht konnte, darum spricht eben der Apostel auch gar nicht von der Wiederkunft, sondern von der Fleischwerdung, welche dadurch bewiesen wird. Ferner genügt die Erwägung dessen, wodurch eine advocatisch interessirte, von vorn herein gebundene Interpretation sich von einer unbefangenen unterscheidet, um hier zwi-

---

rent Iudaei, qui prophetas pro legitimis Dei ministris indubie habebant, et in eorum schola fuerant a pueritia educati. Calvin will demnach die Schwierigkeit so lösen, dass Petrus vom Standpunkte der Juden aus die prophetische Autorität über das Evangelium stelle. Immer bleibt also auch bei ihm der Vergleich zwischen Propheten und Evangelium, der doch, wie ich in dem Folgenden zu zeigen suche, vom Texte gar nicht geboten ist; der Text vergleicht bloss die Autorität des individuellen Zeugniss des Petrus mit der Autorität der Propheten.

schen den Auslegungen zu wählen; denn die für Huther bestehende Aufgabe, zu zeigen, dass die prophetischen Messias-Weissagungen nur die Wiederkunft Christi beweisen sollen, erfordert so künstliche indirekte Schlüsse, dass darin die Farbe der einfachen Erklärung fehlt. Zeugen nicht nach unbefangener Deutung die Propheten zuerst und hauptsächlich von der Fleischwerdung und überhaupt von dem, was durch Christus erfüllt ist? Und wie seltsam ist nun die Folgerung Huther's, dass darum das Zeugniss der Propheten sicherer sein soll, als das Zeugniss der göttlichen Stimme vom Himmel. Dagegen verschwindet jede Schwierigkeit, wenn man die unnöthige Voraussetzung, es müsse durchaus die Wiederkunft bewiesen werden, fallen lässt, und die Parusie vielmehr als die Fleischwerdung auffasst. Nun beweist erstens die Stimme vom Himmel die Wahrheit der Fleischwerdung und zweitens ist natürlich die Messias-Weissagung der Propheten sicherer, nicht als die Stimme Gottes, (denn die Leser des Briefes haben diese ja gar nicht gehört), sondern als die Autorität des Petrus, der ihnen dies versichert und doch nicht so anmassend sein darf, sein individuelles Erlebniss über das Ansehen der Propheten zu setzen, der aber um so sicherer auf Glauben rechnen darf, wenn sein Erlebniss durch das Zeugniss der Propheten getragen wird. So bedürfen wir gar keiner Zwischengedanken und keiner künstlichen Räsonnements. Der Verfasser spricht alles selbst klar und verständlich aus, wenn man nur von der Voraussetzung ablässt, er wolle die Wiederkunft beweisen.

4. Begriff der Verheissungen (ἐπαγγέλματα).

Daher dürfen auch die „grössten und herrlichen Verheissungen (ἐπαγγέλματα), durch welche wir Theilnehmer an der göttlichen Natur werden, indem wir das Verderben der Begierde der Welt fliehen" nicht mit Huther als die Verheissung der Wiederkunft Christi verstanden werden; denn diese Erwartung allein kann unmöglich Mittelpunkt des christlichen Lebens sein und unmöglich für sich schon Antheil an der göttlichen Natur gewähren. Darum lobe ich Hornejus und Dietlein, welche Ankündigungen von Gegenwärtigem und von allen Wohlthaten Gottes in Christo darunter verstehen [1]). Denn auch im dritten Capitel v. 13 kommt das Wort in demselben Sinne vor; da die Erneuerung der Welt, auf der dann Gerechtigkeit wohnt, allerdings auch eine Verheissung ist, aber eine solche, die nicht wie jene andern von dem einzelnen Gläubigen vollzogen werden kann und daher nicht die Bedingung seines Antheils an der göttlichen Natur ist[2]).

5. Die Verbalformen der Anwesenheit ($\pi\alpha\varrho\epsilon\tilde{\iota}\nu\alpha\iota$).

Dass der Verfasser die Parusie in unserm Sinne fasst, wird auch vielleicht unterstützt durch die paar Stellen, in denen er die Verbalformen des Wortes braucht. Er sagt: „in welchem dieses (die christlichen Lebenselemente: Liebe, Standhaftigkeit, Erkenntniss u. s. w.) nicht anwesend ist, der ist blind."[3]) Hier ist von keinem sinnlichen Gegenstand die Rede, welcher anwesend ist, sondern von einem idealen, der sich verwirklicht. Ebenso sagt er: „er erinnere sie, obgleich sie Wissende wären und schon befestigt in der Wahrheit, die

---

[1]) Vergl. Comment. v. Meyer S. 264.

[2]) Ich möchte den Schluss der Refut. haeres von Hippolyt als eine paraphrasierende Erklärung unseres Briefes auffassen; denn dass derselbe wohl mit an diesen Brief denkt, bezeugt ausser Andern vielleicht η, $\pi\varrho\grave{o}$ $\dot{\epsilon}\omega\sigma\varphi\acute{o}\varrho o\nu$ $\varphi\omega\sigma\varphi\acute{o}\varrho o\varsigma$ $\varphi\omega\nu\acute{\eta}$, ferner die $\dot{\epsilon}\pi\acute{\iota}\gamma\nu\omega$-$\sigma\iota\varsigma$, ferner das $\mu\grave{\eta}$, $\pi\varrho o\sigma\acute{\epsilon}\chi o\nu\tau\epsilon\varsigma$ $\sigma o\varphi\acute{\iota}\sigma\mu\alpha\sigma\iota\nu$ $\dot{\epsilon}\nu\tau\acute{\epsilon}\chi\nu\omega\nu$ $\lambda\acute{o}\gamma\omega\nu$, ferner das $\dot{\epsilon}\pi\epsilon\varrho\chi o\mu\acute{\epsilon}\nu\eta\nu$ $\pi\varrho\grave{o}\varsigma$ $\varkappa\varrho\acute{\iota}\sigma\epsilon\omega\varsigma$ $\dot{\alpha}\pi\epsilon\iota\lambda\acute{\eta}\nu$, die $o\dot{\upsilon}\sigma\acute{\iota}\alpha$ $\vartheta\epsilon o\tilde{\upsilon}$ u. s. w.

[3]) Petri epist. II. 1. 9. $\tilde{\omega}$ $\mu\grave{\eta}$ $\pi\acute{\alpha}\varrho\epsilon\sigma\tau\iota$ $\tau\alpha\tilde{\upsilon}\tau\alpha$, $\tau\upsilon\varphi\lambda\grave{o}\varsigma$ $\dot{\epsilon}\sigma\tau\iota$ $\varkappa$. τ. λ.

in ihnen anwesend sei."[1] Auch hier ist von einem idealen Wesen die Rede, das ihnen zukommt oder in ihnen wirklich oder anwesend ist.

§. 4. Die Parusie des Antichrists.

Dass aber die Parusie in dem Neuen Testamente sich nicht bloss als technischer Ausdruck für die Wiederkunft Christi findet, wird ausser den oben behandelten Stellen, wo im Sinne des gewöhnlichen Sprachgebrauchs von sinnlicher Ankunft und Gegenwart leibhaftiger Personen die Rede ist, auch noch durch die zweite Epistel an die Thessalonicher bestätigt, welche von einer Parusie des Antichrists spricht[2]). Es wird dort ausgeführt, dass der Ankunft Christi die volle Enthüllung des Gegensatzes, des Ungerechten ($\check{α}νομος$), vorhergehen müsse. Paulus wählt zur Bezeichnung desselben den philosophischen Ausdruck des Gegensatzes ($ὁ\ ἀντικείμενος$), wie derselbe besonders bei Aristoteles festgestellt wurde, und führt die Antithese der beiden Entgegengesetzten ($ἀντικείμενα$) dementsprechend durch, indem der Wahrheit ($ἀλήθεια$) die Lüge ($τὸ\ ψεῦδος$), der Liebe zur Wahrheit ($ἀγάπη\ τῆς\ ἀληθείας$) aller Trug der Ungerechtigkeit ($πᾶσα\ ἀπάτη\ τῆς\ ἀδικίας$) entgegensteht. Dieser Antichrist nun wird erscheinen, wird gegenwärtig in der Welt sein, und seine Anwesenheit wird Parusie genannt. Es kann hierbei natürlich nicht von einer Wiederkunft oder Ankunft eines schon Dagewesenen die Rede sein, da derselbe noch nicht ist, sondern erst werden soll. Es ist desshalb schlechterdings eine erste Parusie gemeint,

---

[1]) Petri epist. II. 1. 12. καίπερ εἰδότας καὶ ἐστηριγμένους ἐν τῇ παρούσῃ ἀληθείᾳ.

[2]) Pauli epist. ad Thess. II. 2. 9. οὗ (sc. τοῦ ἀνόμου) ἐστιν παρουσία κατ' ἐνέργειαν τοῦ σατανᾶ ἐν πάσῃ δυνάμει καὶ σημείοις καὶ τέρασι ψεύδους.

wie die erste Erscheinung Christi in der Welt, und zugleich wird deutlich, dass die Parusie hier nicht einen sinnlichen Ortswechsel, sondern die Fleischwerdung eines ideellen Princips in philosophischem Sinne bedeutet.

§. 5. Parusie und Energie.

Wir müssen uns nun an die Aristotelischen Bestimmungen (s. oben S. 1—8.) erinnern. Aristoteles hatte mit grossem Scharfsinn den Gegensatz von Vermögen und Wirklichkeit, von Ursache und Wirkung, von Begriff und That, von Tugend und Werken, Wollen und Vollbringen u. dergl. gezeigt und dafür die Ausdrücke des Dynamischen ($δύναμις$) und Energischen ($ἐνέργεια$) in Umlauf gesetzt. Die Scheidung war von ihm so sehr der Sache und den Denkformen entsprechend vollzogen, dass sich die Gelehrten und darum auch die Gebildeten nicht wieder von diesen Anschauungsweisen losmachen konnten. Darum ist es auch nur zu erwarten, dass in dem griechischen Idiom des Neuen Testaments dieselben anklingen werden, wenn man auch auf keine schulmässige Behandlung derselben eher rechnen kann, als bis das Christenthum in die Hände der in Alexandrien gebildeten Philosophen kam, die natürlich ihre philosophische Terminologie gebrauchen mussten, um sich das Christenthum darnach zurecht zu legen. Aber auch in unserer Zeit noch ist sogar der Aristotelische technische Ausdruck wenn auch mit gering modificirter Bedeutung üblich geblieben; denn wir bezeichnen mit Energie und energischer That oder energischem Willen u. s. w. immer die starke und mächtige Verwirklichung, also genau was die Schule meint, nur dem unverständlichen Fremdwort zu Ehren in gesteigerter Intensität.

Die Commentatoren haben dies nicht beachtet, sonst würden sie bei vielen Stellen weniger Schwierigkeiten in der Erklärung gefunden haben. Zuerst ist zu constatiren, dass der Aristotelische Sprachgebrauch in dem Gegensatz von Kraft (δύναμις) und Verwirklichung (ἐνέργεια) überall im Neuen Testamente herrscht und zwar einerseits in dem Sinne, dass die Kraft dasselbe ist wie die Wirklichkeit nur im Zustande der Verborgenheit, aus dem sie bei gegebener Veranlassung heraustritt, sich offenbarend; andererseits in dem Sinne, dass die Kraft es ist, welche in einem Andern diese Veränderung hervorbringt und sich in ihm verwirklicht.¹) So z. B. „dass ihr erkennen möget, welche da sei die überschwängliche Grösse seiner **Kraft** an uns, die wir glauben, nach der **Wirkung** seiner mächtigen Stärke, welche er gewirkt hat in Christo, da er ihn von den Todten auferwecket hat."²) Oder „dem, der überschwänglich thun kann über Alles das wir bitten und verstehen nach der **Kraft die uns wirket**."³) Ebenso: „daran ich auch arbeite und ringe, nach der **Wirkung** dess, der in mir **kräftiglich wirket**."⁴) Ebenso der Gegensatz zwischen Gesinnung und Werk: „Gott ist's der in uns wirket

---

¹) Vergl. Aristoteles Metaphysik Buch Δ. 12. 1019. u. 15. ff.
²) Pauli ep. ad Eph. 1, 19. τί τὸ ὑπερβάλλον μέγεθος τῆς δυνάμεως αὐτοῦ εἰς ἡμᾶς, τοὺς πιστεύοντας κατὰ τὴν ἐνέργειαν τοῦ κράτους τῆς ἰσχύος αὐτοῦ, ἣν ἐνήργησεν ἐν τῷ χριστῷ κ. τ. λ. Die δύναμις hat hier ihre ἐνέργεια in einem Andern (uns und Christus). Κατὰ ist mit Meyer als Erkenntnissgrund zu nehmen: erkannt wird aber die Kraft aus der Verwirklichung.
³) Pauli ep. ad Eph III. 20. κατὰ τὴν δύναμιν τὴν ἐνεργουμένην ἐν ἡμῖν. (Hier ist das ἐν ἡμῖν das Merkmal des ἐν ἄλλῳ ἢ ἄλλο, das Aristoteles fordert.) Ebenso ebds. v. 7 κατὰ τὴν ἐνέργειαν τῆς δυνάμεως αὐτοῦ. Ebenso ad Philipp. III. 21. κατὰ τὴν ἐνέργειαν τοῦ δύνασθαι αὐτὸν κ. τ. λ.
⁴) Paul. ad Coloss. I. 29. κατὰ τὴν ἐνέργειαν αὐτοῦ τὴν ἐνεργουμένην ἐν ἐμοὶ ἐν δυνάμει. Vergl. Aristotelis Rhetor I 5 die Definition der ἰσχύς.

sowohl Wollen als Vollbringen."¹) Das Vollbringen ist das Wirken (ἐνεργεῖν), also die Verwirklichung des Wollens und Beides geht aus von der Kraft Gottes, die in dem eben festgestellten Sinne die Veränderung in einem Andern, nämlich in uns hervorruft.

Zweitens können wir aber auch erkennen, dass die wirkenden Kräfte ihrem Wesen nach ein Allgemeines sind, das sich in einem Einzelnen verwirklicht; das Allgemeine kann dadurch auch eingetheilt und so vielfältig individualisirt werden, ohne die Einheit seines Wesens zu verlieren, so z. B. bei Paulus die Stelle: „und es giebt Eintheilungen der Wirksamkeiten (ἐνεργήματα), aber es ist ein Gott, der da wirket Alles in Allem." Dann werden diese verschiedenen Verwirklichungen aufgezählt und schliesslich heisst es: „Dies aber Alles wirket derselbige einige Geist, und theilet einem Jeglichen seines zu."²) Aehnlich ist die Stelle: „er ist ein Gott und Vater Aller, der über Alle durch Alle und in uns Allen."³) Am deutlichsten aber wird die Auffassung, wenn wir sehen, dass dadurch nothwendig der Begriff der Verwirklichung in Zusammenhang mit dem Begriffe der Parusie treten muss; denn entsprechend der Verwirklichung (ἐνέργεια) wird ja auch das sich Verwirklichende zur Anwesenheit (παρουσία) kommen. Hierfür gilt die Stelle des Briefes an die Thessalonicher, wo Paulus die Erscheinung des Antichrists verkündet. Er sagt: „und

---

¹) Paul. ad Philipp. II. 13. ὁ θεὸς γάρ ἐστιν ὁ ἐνεργῶν ἐν ἡμῖν καὶ τὸ θέλειν καὶ τὸ ἐνεργεῖν.

²) Paul. ad Cor. I. 12, 6. καὶ διαιρέσεις ἐνεργημάτων εἰσίν, ὁ δὲ αὐτὸς θεός, ὁ ἐνεργῶν τὰ πάντα ἐν πᾶσιν. — v. 11. πάντα δὲ ταῦτα ἐνεργεῖ τὸ ἓν καὶ τὸ αὐτὸ πνεῦμα διαιροῦν ἰδίᾳ ἑκάστῳ κ. τ. λ. Zu bemerken ist hier der ächte philosophische Terminus für die Eintheilung (διαίρεσις).

³) Paul. ad Eph. IV. 5. εἷς θεὸς καὶ πατὴρ πάντων, ὁ ἐπὶ πάντων καὶ διὰ πάντων καὶ ἐν πᾶσιν ἡμῖν.

seine (des Antichrists) Anwesenheit (παρουσία) wird entsprechend der Wirksamkeit (ἐνέργεια) Satan's bestehen in aller Kraft, Zeichen und Wundern der Lüge."[1]) Lünemann übersetzt: „in Angemessenheit damit, dass eine ἐνέργεια τοῦ σατανᾶ sein Besitzthum ist d. h. dass der Teufel in und durch ihn wirkt."[2]) Derselbe entscheidet auch die Frage, ob der Antichrist und Satan dasselbe ist zu Gunsten der Zweiheit. Von Aristotelischem Sprachgebrauch aus ist dies auch leicht zu lösen; denn der Satan wird als ein allgemeines Princip aufgefasst, das zwar in einem Individuum zur Verwirklichung kommen und desshalb in ihm gegenwärtig oder anwesend sein kann, ohne dadurch in ihm aufzugehen. Darum heisst es ebenso von der Verirrung oder Verführung (πλάνη), dass sie bei dieser Gelegenheit ihre volle Wirksamkeit (ἐνέργεια) haben werde, so dass man der Lüge glauben werde.[3]) Denn die Verirrung ist so lange noch gelähmt und nicht verwirklicht, so lange man sie noch mit der Wahrheit vergleicht; sobald man aber der Lüge glaubt, so ist die Verwirklichung der Verirrung vollkommen vorhanden.

Wo nun zwei Gegensätze möglich sind, wie z. B. die Luft warm oder kalt sein kann, da ist die Verwirklichung des Einen nothwendig die Aufhebung der Wirklichkeit des andern. Darum ist es natürlich, dass der Ausdruck „ausser Kraft setzen" (καταργεῖν) d. h. die Wirklichkeit aufheben sich an den Stellen der Parusie Christi häufig findet; die „Erscheinung des Herrn wird

---

[1]) Pauli ep. ad Thess. II. 2, 9. οὗ (sc. τοῦ ἀνόμου) ἐστιν ἡ παρουσία κατ' ἐνέργειαν τοῦ σατανᾶ ἐν πάσῃ δυνάμει καὶ σημείοις καὶ τέρασι ψεύδους.
[2]) Commentar S. 203.
[3]) Paul. ad Thess. II. 2. 11. πέμψει αὐτοῖς ὁ θεὸς ἐνέργειαν πλάνης, εἰς τὸ πιστεῦσαι αὐτοὺς τῷ ψεύδει.

die Wirklichkeit des Antichrists aufheben."[1]) In demselben Sinne ist dann auch zu erwarten, dass wo die Wirklichkeit des christlichen Geistes vorhanden und in reichlichem Maasse vorhanden, die davon Ergriffenen nicht unwirksam (ἀργούς) und ohne Frucht (ἀκάρπους) sein werden.[2]) Die Wirklichkeit zeigt sich in der Wirkung. Das Wort unwirksam (ἀργός) ist die Verneinung des Wirksamen (ἐνεργής), der in der Wirksamkeit (ἐνέργεια) lebt.

§. 6. Parusie und Apokalypse.

Zu den schon besprochenen Ausdrücken der Parusie, Energie und Epiphanie kommt nun natürlich ein vierter, nämlich die Apokalypsis. Denn das Ewige, welches als das ideale Wesen der Dinge in der Zeit erscheint, ist ja den Augen verborgen und so wird von den Aposteln diese Verborgenheit des Wortes Gottes mit starken Farben geschildert; darum ist denn nothwendig seine Erscheinung umgekehrt eine Enthüllung (ἀποκάλυψις) und eine Offenbarung dieses Mysteriums. Wie z. B. Paulus schreibt: „nämlich das Geheimniss, das verborgen gewesen ist von der Welt her und von den Generationen her, nun aber geoffenbaret ist seinen Heiligen",[3]) und ebenso an die Epheser: „Das Geheimniss Christi, welches nicht kundgethan ist in den vorigen Zeiten den Menschenkindern, als es nun geoffenbaret ist (ἀπεκαλύφθη) seinen heiligen Aposteln und den

---

[1]) Ebds. II. 2, 8. ὃν (sc. τὸν ἄνομον) ὁ κύριος καταργήσει τῇ ἐπιφανείᾳ τῆς παρουσίας αὐτοῦ.

[2]) Petri ep. I. 1, 8. ταῦτα γὰρ ὑμῖν ὑπάρχοντα καὶ πλεονάζοντα οὐκ ἀργοὺς οὐδὲ ἀκάρπους καθίστησιν κ. τ. λ.

[3]) Pauli ep. ad Coloss. I. 26. τὸ μυστήριον· τὸ ἀποκεκρυμμένον ἀπὸ τῶν αἰώνων καὶ ἀπὸ τῶν γενεῶν, νυνὶ δὲ ἐφανερώθη τοῖς ἁγίοις αὐτοῦ.

Propheten durch den Geist."[1] Oder die andre Stelle im Briefe an die Römer, wo noch dichterischer auch der Begriff des Schweigens mit hinzugezogen wird: „Dem aber, der euch befestigen kann in meiner glücklichen Botschaft und der Verkündigung Jesu Christi, gemäss der Enthüllung des Geheimnisses, das in ewigen Zeiten verschwiegen war, nun aber geoffenbaret und durch die prophetischen Schriften nach dem Geheiss des ewigen Gottes zum Gehorsam des Glaubens an alle Völker erklärt ist."[2]

§. 7. Parusie und Entelechie.

Aber auch der Aristotelische Begriff der Entelechie ist im Neuen Testamente deutlich zu spüren, wenn auch der Ausdruck selbst nicht vorkommt. Doch ebenso bei Aristoteles erscheint der Begriff ja viel häufiger in den etymologisch verwandten Formen und in dem Wurzelwort ($\tau \acute{\epsilon} \lambda o \varsigma$). Ausserdem muss man dies als charakteristisch für die Sprache nach Aristoteles betrachten, dass fast alle die strengeren Schulausdrücke durch angefügte Präpositionen oder Wechsel der Präpositionen oder durch abgeleitete Wortbildungen etwas verändert oder versetzt werden. Im Neuen Testament sind es nun besonders die Wörter Zweck oder Ende ($\tau \acute{\epsilon} \lambda o \varsigma$), das Vollkommene ($\tau \acute{\epsilon} \lambda \epsilon \iota o \nu$), Vollendung ($\tau \epsilon \lambda \epsilon \acute{\iota} \omega \sigma \iota \varsigma$), vollenden ($\tau \epsilon \lambda \epsilon \iota o \tilde{\upsilon} \nu$ und $\tau \epsilon \lambda \epsilon \tilde{\iota} \nu$ und $\sigma \upsilon \nu \tau \epsilon \lambda \epsilon \tilde{\iota} \nu$), Vollender ($\tau \epsilon \lambda \epsilon \iota \omega \tau \acute{\eta} \varsigma$) und Vollen-

---

[1] Paul. ad Ephes. III. 5. $\acute{\epsilon} \nu$ $\tau \tilde{\wp}$ $\mu \upsilon \sigma \tau \eta \varrho \acute{\iota} \wp$ $\tau o \tilde{\upsilon}$ $\chi \varrho \iota \sigma \tau o \tilde{\upsilon}$, $\ddot{o}$ $\acute{\epsilon} \tau \acute{\epsilon} \varrho \alpha \iota \varsigma$ $\gamma \epsilon \nu \epsilon \alpha \tilde{\iota} \varsigma$ $o \mathring{\upsilon} \varkappa$ $\acute{\epsilon} \gamma \nu \omega \varrho \acute{\iota} \sigma \vartheta \eta$ $\tau o \tilde{\iota} \varsigma$ $\upsilon \acute{\iota} o \tilde{\iota} \varsigma$ $\tau \tilde{\omega} \nu$ $\acute{\alpha} \nu \vartheta \varrho \acute{\omega} \pi \omega \nu$, $\acute{\omega} \varsigma$ $\nu \tilde{\upsilon} \nu$ $\acute{\alpha} \pi \epsilon \varkappa \alpha \lambda \acute{\upsilon} \varphi \vartheta \eta$ $\varkappa$. τ. λ.

[2] Pauli ep. ad Rom. XVI. 25. oder XIV. 24. $\varkappa \alpha \tau \grave{\alpha}$ $\acute{\alpha} \pi o \varkappa \acute{\alpha} \lambda \upsilon \psi \iota \nu$ $\mu \upsilon \sigma \tau \eta \varrho \acute{\iota} o \upsilon$, $\chi \varrho \acute{o} \nu o \iota \varsigma$ $\alpha \acute{\iota} \omega \nu \acute{\iota} o \iota \varsigma$ $\sigma \epsilon \sigma \iota \gamma \eta \mu \acute{\epsilon} \nu o \upsilon$, $\varphi \alpha \nu \epsilon \varrho \omega \vartheta \acute{\epsilon} \nu \tau o \varsigma$ $\delta \grave{\epsilon}$ $\nu \tilde{\upsilon} \nu$ $\delta \iota \acute{\alpha}$ $\tau \epsilon$ $\gamma \varrho \alpha \varphi \tilde{\omega} \nu$ $\pi \varrho o \varphi \eta \tau \iota \varkappa \tilde{\omega} \nu$ $\varkappa$. τ. λ. $\gamma \nu \omega \varrho \iota \sigma \vartheta \acute{\epsilon} \nu \tau o \varsigma$.

detheit (τελειότης [1]) und συντέλεια), welche den Begriff der Entelechie wiedergeben, von denen die ersten drei auch bei Aristoteles am Häufigsten in derselben Bedeutung vorkommen. Das Entscheidende für den Begriff der Entelechie ist die Gleichung zwischen dem Anfang oder Grund und dem Ende oder Zweck, also das ὕστερον πρότερον. Wo dieses vorkommt, ist die Entelechie. Es ist das Ende die Parusie des Anfangs, die Offenbarung des verborgenen Grundes, die Erscheinung des Zweckes, die Wirklichkeit der Kraft, die Erfüllung des Wesens. Das „was das Sein war" (τὸ τί ἦν εἶναι des Aristoteles) wird dadurch lebendig und erkannt. Wenige Beispiele werden genügen, um zu zeigen, dass das Evangelium ganz in diese Auffassungsform eingegangen ist. „Ich bin das A und das O, spricht der Herr der Gott, der da ist und der da war und der da kommt, der Allmächtige."[2]) „Ich bin der Erste und der Letzte."[3]) „Ich bin der Anfang und das Ende."[4]) „Was ist das Zeichen deiner Parusie und der Vollendung der Welt?"[5]) „Hinblickend auf Jesum, den Anfänger und Vollender des Glaubens."[6]) „Wenn das Vollendete (τέλειον) kommt, dann wird das Stückweise aufhören."[7]) Hierhin gehört auch der tiefsinnige

[1]) Auch Brentano: „Bedeutung des Seienden nach Aristoteles" S. 11 bestimmt mit Alexander und Simplicius den Begriff der ἐντελέχεια durch die Vollendung (τελειότης).

[2]) Apocal. I. 8. ἐγώ εἰμι τὸ Α καὶ τὸ Ω, λέγει κύριος ὁ θεός, ὁ ὢν καὶ ὁ ἦν καὶ ὁ ἐρχόμενος, ὁ παντοκράτωρ.

[3]) Ibid. v. 17. ἐγώ εἰμι ὁ πρῶτος καὶ ὁ ἔσχατος.

[4]) Ibid. XXII. 18. ἡ ἀρχὴ καὶ τὸ τέλος.

[5]) Matth. XXIV. 3. τί τὸ σημεῖον τῆς σῆς παρουσίας καὶ τῆς συντελείας τοῦ αἰῶνος;

[6]) Hebr. XII. 2. ἀφορῶντες εἰς τὸν τῆς πίστεως ἀρχηγὸν καὶ τελειωτὴν Ἰησοῦν.

[7]) Corinth. I. 13, 10. ὅταν δὲ ἔλθῃ τὸ τέλειον, τότε τὸ ἐκ μέρους καταργηθήσεται. Wobei zugleich auf den terminus ἐκ μέ-

Spruch, welcher die Gleichung des idealen Ursprungs mit der letzten Wirklichkeit ausspricht: „jetzt erkenne ich stückweise, dann aber werde ich erkennen, wie ich erkannt wurde."[1]) Dies Erkanntwerden bezieht sich unzweifelhaft auf das Wort Gottes ($\lambda\acute{o}\gamma o\varsigma$), das im Anfang war und durch welches alles gemacht ist. — Wenn darum der Mensch das erreicht, was als sein göttlicher Grund ihn hervorgebracht hat, so kommt er zur Vollendung ($\tau\epsilon\lambda\epsilon\iota\acute{o}\tau\eta\varsigma$), die sich dann in einzelnen Tugenden oder Thätigkeitserweisungen darstellen wird und so sagt z. B. Paulus von der Liebe, sie sei „das Band der Vollkommenheit,"[2]) d. h. sie verknüpfe die verschiedenen Thätigkeiten des vollkommenen Lebens zur Einheit. — Den ganzen Kreislauf der Entelechie, wonach das Ende wieder zum Anfang zurückkehrt und ihn als vollendet und lebendig verwirklicht darstellt, zeigt sehr schön und in der ganzen Tiefsinnigkeit der Anschauung Johannes: „das ist das ewige Leben, dass sie dich, der du allein wahrer Gott bist und den du gesandt hast, Jesum Chri-

---

$\varrho o v \varsigma$ gleich $\varkappa\alpha\tau\grave{\alpha}\ \mu\acute{\epsilon}\varrho o \varsigma$, welcher der Schule geläufig ist, aufmerksam zu machen ist.

[1]) Pauli ep. ad Corinth. I. 13. 12. $\ddot{\alpha}\varrho\tau\iota\ \gamma\iota\nu\acute{\omega}\sigma\varkappa\omega\ \dot{\epsilon}\varkappa\ \mu\acute{\epsilon}\varrho o v\varsigma$, $\tau\acute{o}\tau\epsilon\ \delta\grave{\epsilon}\ \dot{\epsilon}\pi\iota\gamma\nu\acute{\omega}\sigma o\mu\alpha\iota\ \varkappa\alpha\vartheta\grave{\omega}\varsigma\ \varkappa\alpha\grave{\iota}\ \dot{\epsilon}\pi\epsilon\gamma\nu\acute{\omega}\sigma\vartheta\eta\nu$.

[2]) Pauli ep. ad Coloss. III. 14. $\dot{\epsilon}\pi\grave{\iota}\ \pi\tilde{\alpha}\sigma\iota\ \delta\grave{\epsilon}\ \tau o\acute{v}\tau o\iota\varsigma\ \tau\grave{\eta}\nu\ \dot{\alpha}\gamma\acute{\alpha}\pi\eta\nu,\ \ddot{\eta}\tau\iota\varsigma\ \dot{\epsilon}\sigma\tau\grave{\iota}\ \sigma\upsilon\nu\delta\epsilon\sigma\mu\grave{o}\varsigma\ \tau\tilde{\eta}\varsigma\ \tau\epsilon\lambda\epsilon\iota\acute{o}\tau\eta\tau o\varsigma$. Meyer denkt bei $\sigma\upsilon\nu$-$\delta\epsilon\sigma\mu\acute{o}\varsigma$ an ein „Obergewand", wodurch die ganze Kleidung zusammengehalten würde, was aber weder bei unsrer, noch bei orientalischer Bekleidungsart ein zutreffendes Bild sein würde. Dagegen war der Gürtel und ist noch heute in der That bei den Orientalen zu diesem Behufe in Gebrauch. Zutreffender aber ist vielleicht die Erinnerung an Aristoteles, der die Einheit entweder durch denselbigen Begriff des Wesens oder durch Verknüpfung ($\sigma\upsilon\nu\delta\epsilon\sigma\mu\tilde{\omega}$) entstehen lässt. Die Tugenden sind nicht alle desselben Wesens, aber durch Verknüpfung in der Liebe haben sie die Einheit. So ist auch bei der Rede die Präposition und Conjunction ($\sigma\upsilon\nu\delta\epsilon\sigma\mu\acute{o}\varsigma$) ein solches Band.

stum erkennen. Ich habe dich verkläret auf Erden und vollendet das Werk, das du mir gegeben hast, dass ich es thun sollte. Und nun verkläre mich, du Vater bei dir selbst mit der Klarheit, die ich bei dir hatte, ehe die Welt war."[1]) Ehe die Welt war, war Christus als das Wort bei Gott und Gott war dieses Wort und war Licht und Leben der Menschen. Das ist also der Anfang. Nun kommt die Weltentwicklung dazwischen, die erst dann ihre Vollendung erreicht, wenn dieses Wort nun wirklich als Licht der Menschen erkannt und so das ewige Leben auf Erden erscheint und die Glorie des göttlichen Wesens erhält.

§. 8. Die zweite Parusie.

In der ersten Parusie tritt das philosophische Element der Auffassung mehr hervor, weil das Princip, welches gegenwärtig werden soll, noch ungeworden ist und erst Fleisch anzieht und persönlich als Mensch erscheint. Dagegen ist bei der Wiederkunft Christi die erste Schwierigkeit gewissermassen schon überwunden und da Christus als Wort Gottes schon historische Gestalt genommen und nur in den Himmel als an einen andern Ort erhoben ist, so ist sein Wiedererscheinen am Tage des Gerichts leichter als ein blosser Ortswechsel zu fassen. Es wird, wie Paulus den Thessalonichern schreibt, „der Herr mit einem Feldgeschrei und Stimme des Erzengels und mit der Posaune Gottes herniederkommen vom Himmel."[2])

---

[1]) Johann. Ev. XVII. 3—5. αὕτη δέ ἐστιν ἡ αἰώνιος ζωή, ἵνα γινώσκωσί σε, τὸν μόνον ἀληθινὸν θεὸν καὶ ὃν ἀπέστειλας Ἰησοῦν χριστόν. Ἐγώ σε ἐδόξασα ἐπὶ τῆς γῆς· τὸ ἔργον ἐτελείωσα, ὃ δέδωκάς μοι ἵνα ποιήσω. Καὶ νῦν δόξασόν με, σὺ πάτερ, παρὰ σεαυτῷ, τῇ δόξῃ ᾗ εἶχον πρὸ τοῦ τὸν κόσμον εἶναι, παρὰ σοί.

[2]) Pauli ep. ad. Thess. I. 4, 16.

Andererseits aber ist die zweite Parusie eigentlich die Erfüllung der ersten, da die Glorie Christi und seine Weltregierung und das Verschwinden des Bösen durch seinen Tod gewissermassen wieder in Frage gestellt war. Es konnte also das Wort Christi nur dann als vollendet betrachtet werden, wenn nicht bloss innerlich sondern auch äusserlich etwa durch Weltverbrennung und Erneuerung der Erde das ewige Leben und göttliche Licht zur Herrschaft und zur Gegenwart gelangte. Darum wurde Christus bis zu seiner Wiederkunft gewissermaassen als abwesend (Apusie) betrachtet, indem sogar sein grösster Gegensatz ($\dot{o}$ $\dot{\alpha}\nu\tau\iota\varkappa\epsilon\acute{\iota}\mu\epsilon\nu o\varsigma$) zur Gegenwart und Wirklichkeit gelangte, der Antichrist. Die Anwesenheit Christi konnte desshalb nur als in der Zukunft liegend betrachtet werden, da nach seiner Ankündigung über ein Kleines die Welt ihn nicht mehr sehen würde. So wurde der Begriff der Anwesenheit Christi von selbst zur Wiederkunft Christi.

Allein für diejenigen, die an die erste Parusie geglaubt hatten, d. h. an die Fleischwerdung des göttlichen Wortes, war es unerträglich, die Anwesenheit Christi ganz zu entbehren. Es bildete sich desshalb nothwendig wieder eine Scheidung der beiden Elemente in dem Erschienenen, indem das Erscheinende als Wahrheit und Leben von dem, worin dies erscheint, d. h. von dem Fleisch getrennt wurde. So kann Christus anwesend sein im Geist, wenn auch nicht dem Fleisch nach. In derselben Weise sagt Paulus von sich: „denn ich, als abwesend dem Leibe nach, aber anwesend dem Geiste nach, habe jetzt als Anwesender gerichtet."[1]) Diese Scheidung des Begriffs war der Trost der Gemeinde; denn sie waren nun nicht verwaist ($\dot{o}\varrho\varphi\alpha\nu o\iota$), da wie

---

[1]) Pauli ep. ad Corinth. I. 5, 3. $\dot{\epsilon}\gamma\dot{\omega}$ $\mu\grave{\epsilon}\nu$ $\gamma\grave{\alpha}\varrho$ $\dot{\omega}\varsigma$ $\dot{\alpha}\pi\grave{\omega}\nu$ $\tau\tilde{\wp}$ $\sigma\dot{\omega}\mu\alpha\tau\iota$, $\pi\alpha\varrho\grave{\omega}\nu$ $\delta\grave{\epsilon}$ $\tau\tilde{\wp}$ $\pi\nu\epsilon\dot{\nu}\mu\alpha\tau\iota$ $\check{\eta}\delta\eta$ $\varkappa\acute{\epsilon}\varkappa\varrho\iota\varkappa\alpha$ $\dot{\omega}\varsigma$ $\pi\alpha\varrho\dot{\omega}\nu$.

Johannes ihn sagen lässt: „die Welt mich nicht mehr sieht, aber ihr mich sehet; denn ich lebe und ihr lebt auch und ihr werdet erkennen, dass ich im Vater und ihr in mir und ich in euch."[1]) Darum ist es nun natürlich, dass der Begriff der Anwesenheit in den des Bleibens ($\mu\acute{\epsilon}\nu\epsilon\iota\nu$) übergeht, Christus bleibt in uns oder Gott bleibt in uns und wir in ihm oder wir im Lichte, wie dieser Ausdruck namentlich im Evangelium Johannes und in dem ersten Briefe des Johannes unaufhörlich wiederkehrt. Und weil bei dieser Vorstellungsweise von dem zweiten Elemente, dem Fleische, abgesehen wird, so folgt daraus, dass wer das Wort ($\lambda\acute{o}\gamma o\varsigma$) Christi bewahrt und dadurch also das Leben hat, den Tod auch in Ewigkeit nicht schmecken wird.[2]) Der ideale Grund der Welt wird dadurch wieder in das Element der principiellen Allgemeinheit erhoben und seine physische und individuelle Anwesenheit kann nur in die Zukunft verwiesen werden.

§. 9. Uebereinstimmung der Evangelien und Briefe des Neuen Testaments.

Die Unterschiede der Auffassung des Erlösungswerkes sind im Neuen Testamente sehr stark, man möchte sagen mit Händen zu greifen. Man könnte mir desshalb vorwerfen, dass ich unkritisch verfahren bin, da ich durcheinander bald Paulus, bald Johannes, bald den Verfasser des zweiten Briefes Petri citire. Ich würde dieses zugeben müssen, wenn es sich für mich darum handelte, die Zeit der Abfassung dieser Schriften oder die schriftstellerische Individualität der Verfasser und ihre Eingeweihtheit in die philosophische Terminologie oder ihre

---

[1]) Ev. Joh. XIV. 19.
[2]) Evang. Joh. VIII. 51 und 52.

dogmatischen Differenzen zu untersuchen. Mein Ziel ist aber nur dies, das Vorkommen der von den griechischen Philosophen ausgelegten Denkformen im gebildeten Bewusstsein der ihnen folgenden Geschlechter nachzuweisen, und sie aus dem Verkehr in verschiedenen Zeiten wie Münzen zu sammeln, die von Plato und Aristoteles geprägt und in Curs gesetzt, in der Folgezeit ihre Gültigkeit behielten und den Verkehr vermittelten. So, glaube ich, wird man gerecht gegen mich sein und nicht verlangen, dass ich zeigen soll, wo dieselben sich nicht finden, während mein Ziel war, sie zu sammeln, wo sie sich finden. Doch will ich hier eine Bemerkung nicht unterdrücken, die ungesucht aus dem Vorigen sich ergiebt, nämlich dass in den hier verglichenen Stellen von Paulus und Johannes und auch in der zweiten Epistel Petri, abgesehen von unwesentlicher Verschiedenheit der Ausdrucksweise, dieselbe Grundanschauung herrscht, soweit diese in philosophischen Begriffen ruht. Zwar bilden diese ein etwas weitmaschiges Netz, in welchem nur die grossen Fische gefangen werden können, während die kleineren durchschlüpfen: doch ist es immerhin wichtig zu constatiren, dass der Platonisch-Aristotelische Idealismus die gemeinsame Grundanschauung der Apostel bildet, sowohl dem Begriffe, als dem Ausdrucke nach.

Drittes Capitel.
Sprachgebrauch der gleichzeitigen Profan-Schriftsteller.

§. 1. Die Parusie bei Josephus.

Josephus bewegt sich durchaus in derselben griechischen Anschauungsform und benutzt dieselben philosophischen Kunstausdrücke. Zum Beleg will ich nur ein paar Stellen beibringen. Im 10. Buch seiner jüdischen Alterthümer spricht er von den Weissagungen Daniels und folgert, dass die Lehre der Epicureer von dem Schicksal als einem Zufall dadurch widerlegt sei. Er sagt von ihnen[1]), dass sie „die Vorsehung für das Leben verwerfen und den Gott nicht für die Dinge sorgen lassen, und lehren, dass das All nicht von dem seligen und zur Erhaltung der Welt unvergänglichen Wesen (οὐ-σίας) regiert werde, sondern ohne Wagenlenker und Verstand zufällig sich bewege." Die Gottheit bezeichnet Josephus also Aristotelisch als das Wesen (οὐσία) und schreibt ihm mit Aristoteles Seligkeit zu und nennt ihn in griechischer Weise den Steuermann und Wagenlenker.

---

[1]) Josephi Antiq. Jud. lib. X. c. 9. s. f. καὶ τὸν θεὸν οὐκ ἀξιοῦσιν ἐπιτροπεύειν τῶν πραγμάτων, οὐδ᾽ ὑπὸ τῆς μακαρίας καὶ ἀφθάρτου πρὸς διαμονὴν τῶν ὅλων οὐσίας κυβερνᾶσθαι τὰ σύμπαντα, ἄμοιροι δ᾽ ἡνιόχου καὶ φροντιστοῦ τὸν κόσμον αὐτομάτως φέρεσθαι λέγουσιν.

Die Parusie Gottes zwar nicht in menschlicher Form aber in ähnlicher Weise ist in folgender Stelle gegeben, wo Josephus die im Anfang des zweiten Jahres nach dem Auszuge aus Egypten erfolgte Einweihung des Tabernakels berichtet. Gott, sagt Josephus, hatte Gefallen an dem Werke der Hebräer und bezeugte es dadurch, dass er „hier einkehrte und sein Zelt in diesem Heiligthum aufschlug. Seine **Anwesenheit** (παρουσίαν) bewirkte er aber so. Der Himmel war rein, nur über dem Zelte wurde es dunkel, indem eine Wolke es einhüllte, weder so tief und dicht, wie im Herbst, noch so dünn, dass das Auge darin sehen konnte. Ein süsser Thau aber tropfte von ihr herab und offenbarte die **Anwesenheit** (παρουσίαν) Gottes denen, die dieses wünschten und glaubten."[1]) Zu bemerken ist dabei noch, dass auch die Ausdrücke „einkehren als Fremdling oder Gastfreund" und „sein Zelt aufschlagen" sehr häufig im Neuen Testamente sind, wo wir nach unserer göttlichen Bestimmung als Fremdlinge oder Gastfreunde auf der Erde[2]) bezeichnet werden und wo wie oben erklärt[3]), speciell der Leib „Zelt" genannt und die Fleischwerdung als „Zeltaufschlagen unter uns" betrachtet wird.

---

[1]) Josephi Antiq. Jud. lib. III. 8. 5. *ἀλλ' ἐπεξεινώθη καὶ κατεσκήνωσε τῷ ναῷ τούτῳ· τὴν δὲ παρουσίαν οὕτως ἐποίησεν· ὁ μὲν οὐρανὸς καθαρὸς ἦν, ὑπὲρ δὲ τὴν σκηνὴν μόνην ἤχλυεν, οὔτε βαθεῖ πάνυ νέφει καὶ πυκνῷ περιλαβὼν αὐτήν. ὥστ' εἶναι δόξαι χειμέριον, οὔτε μὴν λεπτῷ οὕτως ὥστε τὴν ὄψιν ἰσχύσαι τι δι' αὐτοῦ κατανοῆσαι· ἡδεῖα δὲ ἀπ' αὐτοῦ δρόσος ἔρρει καὶ θεοῦ δηλοῦσα παρουσίαν τοῖς τοῦτο καὶ βουλομένοις καὶ πεπιστευκόσι.*

[2]) Z. B. Epist. ad Hebr. 11, 13. *ξένοι καὶ παρεπίδημοι ἐπὶ τῆς γῆς*. Aehnlich Ephes. II. 12 und 19 auch die Worte im Johannisevangelium enthalten dasselbe Bild, dass *οἱ ἴδιοι αὐτὸν οὐ παρέλαβον*.

[3]) Vergl oben S 29. f.

§. 2. Die Parusie bei Plutarch.

Wenn Josephus etwas jünger ist als die Verfasser des Neuen Testaments, so ist Plutarch ungefähr gleichzeitig. Es ist desshalb interessant zu constatiren, dass auch bei ihm dieselbe Denk- und Ausdrucksweise vorkommt, welche die griechischen Meister des Gedankens in Umlauf gebracht haben. Da sich die übrigen Termini bei ihm als Philosophen der Platonischen Schule selbstverständlich in Masse finden, so kann es sich hier nur um den Terminus der Parusie handeln, welcher bisher von den Geschichtschreibern der Philosophie unbeachtet geblieben.

Es ist z. B. im Eroticus von einer Hochzeit die Rede und Plutarch sagt: „Lasst uns den Gott anbeten; denn offenbar ist er mit Wohlgefallen und Wohlwollen anwesend (παρών) bei dem was man vorhat."[1] Hier ist die Anwesenheit zwar im Sinne des Polytheismus ausgesprochen, aber doch im Sinne des Platonischen Idealismus gedacht, indem die Werke der Liebe eben von der Anwesenheit des Princips oder Gottes der Liebe herrühren und seine Erscheinung ausmachen.

Deutlicher zeigt dies Plutarch an einer andern Stelle[2], wo er bemerkt, dass die Kraft des Denkens von Natur in den einen Thieren so, in den andern anders, in höherem oder geringerem Grade anwesend (παροῦσα) ist und dadurch die verschiedenen Werke der Thiere ver-

---

[1] Plutarchi Erotic. p. extr. Wyttenbach IV. 1. S. 92. 771. E δῆλος γάρ ἐστι χαίρων καὶ παρὼν εὐμενὴς τοῖς πραττομένοις.

[2] Plutarch. πότερα τῶν ζώων φρονιμώτερα; Wyttenb. 962. A. τὴν φιλοστοργίαν — πολλὴν δὲ τοῖς ζώοις καὶ ἰσχυρὰν ὁρῶντες παροῦσαν κ. τ. λ. 993. A. οἷς μὴ φύσει πᾶσιν ἡ τοῦ φρονεῖν δύναμις ἄλλοις δὲ ἄλλως κατὰ τὸ μᾶλλον καὶ ἧττον παροῦσα κ.τ.λ.

ursacht, und aus der Unmöglichkeit, dass den Thieren die Tugenden der Besonnenheit und Weisheit vollkommen zukommen könnten, dürfe man nicht schliessen, dass diese Kraft ihnen überhaupt und auch im geringsten Grade versagt sei. Auch das Substantiv Parusie kommt in dem oben entwickelten Sinne öfter vor, z. B. in der Untersuchung, ob Wasser oder Feuer nützlicher sei, bemerkt er, dass Feuer oder Wärme die Sinnesempfindung bedingt, und dass „diejenigen Theile des Körpers, welche am Wenigsten theilhaben ($\mu\varepsilon\tau\acute{\varepsilon}\chi o\nu\tau\alpha$) am Feuer, auch empfindungsloser sind z. B. Knochen und Haare und was vom Herzen weit entfernt ist. Denn der Verderb, welcher aus der Abwesenheit ($\dot{\alpha}\pi o\nu\sigma\acute{\iota}\alpha$) des Feuers entsteht, sei grösser als der aus seiner Anwesenheit ($\pi\alpha\varrho o\nu\sigma\acute{\iota}\alpha$)[1]. Hier ist nicht ein äusserliches Ankommen und Weggehen, sondern eine immanente Gegenwart, d. h. eine innere wesentliche Wirksamkeit des Feuers in den Körpertheilen gemeint, was auch schon durch den Ausdruck Antheilhaben ($\mu\varepsilon\tau\acute{\varepsilon}\chi o\nu\tau\alpha$ also $\mu\acute{\varepsilon}\vartheta\varepsilon\xi\iota\varsigma$) hinreichend verbürgt ist.

An einer andern Stelle hat man alle die Begriffe zusammen, welche hier entscheidend sind. Plutarch will das Wesen der Kälte untersuchen und beginnt mit der Frage:[2] „Giebt es von dem Kalten eine ursprüngliche

---

[1] Plutarch. $\pi \acute{o}\tau\varepsilon\varrho o\nu$ $\ddot{\upsilon}\delta\omega\varrho$ $\ddot{\eta}$ $\pi\tilde{\upsilon}\varrho$ $\chi\varrho\eta\sigma$. p. 957. F. $\sigma\chi\varepsilon\delta\grave{o}\nu$ $\gamma\grave{\alpha}\varrho$ $\dot{\eta}$ $\dot{\varepsilon}\kappa$ $\tau\tilde{\eta}\varsigma$ $\dot{\alpha}\pi o\upsilon\sigma\acute{\iota}\alpha\varsigma$ $\mu\varepsilon\acute{\iota}\zeta\omega\nu$ $\tau\tilde{\omega}\nu$ $\dot{\varepsilon}\kappa$ $\tau\tilde{\eta}\varsigma$ $\tau o\tilde{\upsilon}$ $\pi\upsilon\varrho\grave{o}\varsigma$ $\gamma\acute{\iota}\nu\varepsilon\tau\alpha\iota$ $\pi\alpha\varrho o\upsilon\sigma\acute{\iota}\alpha\varsigma$ $\delta\iota\alpha\varphi\vartheta o\varrho\acute{\alpha}$.

[2] Plutarch. de primo frigido, Wytt. 945. F. Ἔστι τις ἄρα τοῦ ψυχροῦ δύναμις πρώτη καὶ οὐσία, καθάπερ τοῦ θερμοῦ τὸ πῦρ, ἧς παρουσίᾳ τινὶ καὶ μετοχῇ γίνεται τῶν ἄλλων ἕκαστον ψυχρόν· ἢ μᾶλλον ἡ ψυχρότης στέρησίς ἐστι θερμότητος, ὥσπερ τοῦ φωτὸς τὸ σκότος λέγουσι καὶ τῆς κινήσεως τὴν στάσιν; — Zu bemerken ist, dass die im Index von Wyttenbach angeführten Stellen sämmtlich unauffindbar sind. Die vom Herausgeber angedeutete Unzuverlässigkeit der Zahlen ist hier auf ihrem Gipfel.

Kraft und ein Wesen (οὐσία), wie vom Warmen das Feuer, durch dessen Anwesenheit (παρουσία) und Antheilhaben an ihm (μετοχῇ) ein jedes von den andern Dingen kalt wird? oder ist die Kälte vielmehr die Beraubung der Wärme, wie vom Lichte die Finsterniss, von der Bewegung die Ruhe?" Hier ist ganz klar die Anwesenheit neben dem Antheilhaben als philosophischer Begriff der Erscheinung eines Princips (δύναμις πρώτη) oder einer Substanz (οὐσία) in der sinnenfälligen Welt ausgesprochen. Ob durch Anwesenheit der Kälte die Dinge kalt werden, wie durch Anwesenheit des Feuers warm; ob also ein Wesen anwesend ist in der Kälte, oder ob vielmehr das Wesen (nämlich das Feuer) abwesend ist und so durch Beraubung die Kälte entsteht: diese Frage und die anderen Citate zeigten zur Genüge, wie zweifellos bei Plutarch der philosophische terminus Parusie feststeht.

VIERTES CAPITEL.
Die griechischen Lehrer und Väter der Kirche.

§. 1. JUSTINUS der Märtyrer.

Wenn wir nun zu Justinus übergehen, dessen schriftstellerische Thätigkeit ungefähr in die Mitte des zweiten Jahrhunderts fällt, so wird unsre Aufgabe sein, zuerst zu untersuchen, ob bei ihm der Begriff und Ausdruck der Parusie vorkommt und zwar in dem doppelten Sinne des christlichen Glaubens und Hoffens, und zweitens, ob er die Parusie auch nach ihrer ursprünglichen philosophischen Bedeutung noch festhält.

a. Die beiden Parusien.

Die erste Frage entscheidet sich sofort, da Justinus in der ersten Apologie sich selbst zweifellos so ausspricht: „da wir nun bewiesen, dass alles schon Geschehene, ehe es geschah, durch die Propheten vorausverkündigt wurde, so muss man nothwendig auch von dem gleichfalls Geweissagten, aber noch Zukünftigen glauben, dass es durchaus geschehen werde. Denn auf dieselbe Weise, wie das schon Geschehene vorausverkündigt und nicht gewusst erfolgte, so wird auch das Uebrige, obgleich nicht gewusst und nicht geglaubt, erfolgen. Denn eine zweimalige Anwesenheit ($\pi\alpha\rho$- $ovoί\alpha$) Christi verkündigten die Propheten im Voraus, die Eine, welche schon geschehen ist, als eines ungeehrten leidenden Menschen, und die zweite, wenn verkündigt ist, dass er in Glorie aus dem Himmel mit seinem Heere von Engeln herabkommen wird, wann er auch die Leiber aller gewesenen Menschen wiedererwecken wird u. s. w."[1]) Den Beweis dafür, dass jener gekreuzigte Mensch wirklich die Anwesenheit Gottes im Fleische war, führt Justinus ähnlich wie der Verfasser des zweiten Briefes Petri, indem er die prophetischen Zeugnisse heranzieht, die denen, welche Ohren zum Hören und Verstehen haben, genügen können, und im Verhältniss zu welchen Zeugnissen alle die vorgeblichen Söhne des Zeus als unbewiesen und unbeglaubigt zur Dichtung zu rechnen seien. Denn ohne diese prophetische Autorität, welche durch die Erfahrung anerkannt ist, würden wir einem gekreuzigten Menschen nicht glauben, dass er der Ersterzeugte des ungeborenen Gottes sei und selbst das ganze menschliche Geschlecht richten werde.[2]) Die Heiden, welche ihre Weisheit Moses entlehnt und ihn ungenügend verstanden hätten, verehrten desshalb bald den Dionysos, bald Bellerophon, bald Perseus und Herkules als den geweissagten Christus und

---

[1]) Justini apolog. I. 52 (Patrolog. ser. graec. tom. VI. Migne p 404.) δύο γὰρ αὐτοῦ παρουσίας προεκήρυξαν οἱ προφῆται· μίαν μὲν τὴν ἤδη γενομένην ὡς ἀτίμου καὶ παθητοῦ ἀνθρώπου· τὴν δὲ δευτέραν, ὅταν μετὰ δόξης ἐξ οὐρανῶν μετὰ τῆς ἀγγελικῆς αὐτοῦ στρατιᾶς παραγενήσεσθαι κεκήρυκται κ. τ. λ.

[2]) Ibid. 53. ὅτι οὐχ ὁμοίως τοῖς μυθοποιηθεῖσι περὶ τῶν νομισθέντων υἱῶν τοῦ Διὸς καὶ ἡμεῖς μόνον λέγομεν ἀλλ' οὐκ ἀποδεῖξαι ἔχομεν. Τίνι γὰρ ἂν λόγῳ ἀνθρώπῳ σταυρωθέντι ἐπειθόμεθα, ὅτι πρωτότοκος τῷ ἀγεννήτῳ Θεῷ ἐστι καὶ αὐτὸς τὴν κρίσιν τοῦ παντὸς ἀνθρωπείου γένους ποιήσεται εἰ μὴ μαρτύρια πρὶν ἢ ἐλθεῖν αὐτὸν ἄνθρωπον γενόμενον κεκηρυγμένα περὶ αὐτοῦ εὕρομεν καὶ οὕτως γενόμενα ὁρῶμεν. Vergl. hier Petri epist. II. 16. Οὐ γὰρ σεσοφισμένοις μύθοις ἐξακολουθήσαντες ἐγνωρίσαμεν ὑμῖν τὴν τοῦ κυρίου — — παρουσίαν, ἀλλ' ἐπόπται γενηθέντες κ. τ. λ. Justin, wie der Verfasser der secunda Petri, beweist die Parusie Christi 1) durch die Prophetin. 2) durch die eingetretene Erfahrung

hätten sich auch in dem Symbole seiner Parusie getäuscht, indem sie z. B. Bellerophon auf einem Pferde, dem Pegasus, reiten lassen, weil das Füllen von Moses nicht genau als das Füllen einer Eselin angegeben war und also auch eines Pferdes Füllen hätte bedeuten können.[1)]

Aehnlich spricht er im Dialog mit dem Juden Tryphon von denen, die „diesen Christus erkennen, den Sohn Gottes, der vor dem Morgenstern und dem Monde war, und durch diese Jungfrau vom Geschlechte Davids fleischgeworden, geboren zu werden ertrug, damit durch diese Ordnung die Schlange u. s. w. vernichtet werde, und bei seiner zweiten Parusie der Tod gänzlich aufhöre u. s. w."[2)]

b. Die philosophische Auffassung der Parusie.

Die zweite Aufgabe, die uns bleibt, ist durch die angeführten Stellen auch schon halb gelöst; denn man sieht aufs Deutlichste daraus, dass Justinus nicht etwa eine äusserliche sinnliche Ankunft oder Ortswechsel eines schon sinnlich vorhandenen Menschen oder Gottes unter Parusie versteht, sondern das Fleischwerden eines rein intelligiblen Princips, welches vor dem Morgenstern, d. h. vor der sinnlich wahrnehmbaren |Welt, bei Gott war. Deutlicher wird sich dies nun zeigen, wenn wir bei Justinus auch die oben entwickelten philosophischen Kunstausdrücke auf die Fleischwerdung angewendet finden.

Es ist dabei vielleicht zuerst zu erinnern, dass Justinus mit den Philosophen das sittlich Schöne (καλόν) als ein Allgemeines und von Natur Bestechendes

---

[1)] Ibid. 76. σύμβολον τῆς παρουσίας αὐτοῦ.
[2)] Justini dialog. cum Tryphone Iud. 141. med. ὃς καὶ πρωτότοκος καὶ σελήνης ἦν καὶ διὰ τῆς παρθένου ταύτης κ. τ. λ. γεννηθῆναι σαρκοποιηθεὶς ὑπέμεινεν, ἵνα κ. τ. λ. καὶ ἐν τῇ δευτέρᾳ αὐτοῦ τοῦ Χριστοῦ παρουσίᾳ κ. τ. λ. Ebenso ed. Mar. 268 B. Otto p. 160.

und **Ewiges** bezeichnet.[3]) Dieses ist aber, als erkennbar schon zum Wort oder zur Vernunft (λόγος) gehörig. Gott dagegen wird von Justinus mit wörtlich Platonischen Ausdrücken als „das sich immer identisch und auf identische Weise Verhaltende und als des Seins Ursache für alles Uebrige"[1]) bezeichnet, welches daher auch mit keinem Namen genannt werden kann, der das Wesen bezeichnete, sondern nur aus seinen Werken die Benennung Vater, Gott, Schöpfer, Regierer und Herr empfängt.[2]) Neben dem unveränderlichen Gotte nimmt nun Justinus in zweiter Stelle den Sohn an, den er auch Gott nennt;[3]) dieser ist das intelligible Formprincip der Welt, durch welches die Dinge wurden, und dieser offenbarte sich bei den Griechen bruchstückweise in Sokrates und in den Gelehrten aller Heiden, und wurde endlich bei den Barbaren, nämlich den Juden, als Mensch geboren im Fleisch[4]) und gekreuzigt, und dies wird von denen, die das Mysterium darin nicht verstehen, für Wahnsinn gehalten.[5]) Als Zeichen des

---

[1]) Just. dialog. c. Tr. Iud. 45. med. p. 141. Mar. edit. init. οἱ τὰ καθόλου καὶ φύσει καὶ αἰώνια καλὰ ἐποίουν εὐάρεστοί εἰσι τῷ θεῷ κ. τ. λ.

[2]) Dialog. c. Tr. J. Otto II. 14, Mar. 220 D. τὸ κατὰ τὰ αὐτὰ καὶ ὡσαύτως ἀεὶ ἔχον καὶ τοῦ εἶναι πᾶσι τοῖς ἄλλοις αἴτιον τοῦτο δή ἐστιν ὁ θεός.

[3]) Apolog. II. Otto p. 182 Mar. 44. D. ἐκ τῶν εὐποιῶν καὶ τῶν ἔργων.

[4]) Dialog. c. Tr. Mar. 267. C. θεὸς ὤν.

[5]) Apolog. I. Otto p. 14. οὐ γὰρ μόνον ἐν Ἕλλησι διὰ Σωκράτους ὑπὸ λόγου ἐλέχθη ταῦτα ἀλλὰ καὶ ἐν βαρβάροις ὑπ' αὐτοῦ τοῦ λόγου μορφωθέντος καὶ ἀνθρώπου γενομένου καὶ Ἰησοῦ χριστοῦ κληθέντος.

[6]) Ibid. p. 34. ἐνταῦθα γὰρ μανίαν ἡμῶν καταφαίνονται δευτέραν χώραν μετὰ τὸν ἄτρεπτον καὶ ἀεὶ ὄντα θεὸν καὶ γεννήτορα τῶν ἁπάντων ἀνθρώπῳ σταυρωθέντι διδόναι ἡμᾶς λέγοντες ἀγνοοῦντες τὸ ἐν τούτῳ μυστήριον.

göttlichen Wesens wird dann bei Justinus ebenfalls das ὕστερον πρότερον angeführt. Denn Christus existirte schon vorher, ehe er als ein wie wir leidender fleischlicher Mensch wurde.[1]) Vorher nämlich war er das Wort oder die Vernunft Gottes und erschien bald in der Gestalt eines Feuers, bald in dem Bilde unkörperlicher Dinge und jetzt als Mensch.[2]) Das Göttliche zeigt sich in dem Vorherwissen des Zukünftigen und darin, dass Alles geschah, wie es vorher verkündigt war, also durch den philosophischen Cirkel.

Der terminus Energie (ἐνέργεια) kommt aber, wie es scheint, nur in den angezweifelten oder unächten Schriften Justin's häufig vor, doch fehlt er natürlich auch in den unbezweifelten nicht, da Justin entschieden eine philosophische Bildung besass, und sein Stil ganz getränkt ist von der philosophischen Sprache. So z. B. bezeichnet er die Wirksamkeit Gottes und der dämonischen Kräfte gewöhnlich durch ἐνεργεῖν und lässt Moses durch eine von Gott ausgehende Inspiration und Wirksamkeit (ἐνέργεια) zu seinen Thaten bestimmen.[3]) — Es scheint mir daher erwiesen, dass Justinus in philosophischem Sinne die Parusie als den Uebergang eines intelligiblen, allgemeinen, nicht-sinnlichen Princips in die historische, einzelne, sinnenfällige Existenz bezeichnet hat.

Justin und das Evangelium Johannis.

Das Evangelium Johannis muss aber, mit dem räsonnirenden Justin verglichen, offenbar viel früher verfasst

---

[1]) Dial. c. Tr. Mar. 267. C. προϋπῆρχε καὶ γεννηθῆναι ἄνθρωπος ὁμοιοπαθὴς ἡμῖν σάρκα ἔχων.

[2]) Apol. I. Mar. 96 A. πρότερον λόγος ὢν καὶ ἐν ἰδέᾳ πυρὸς ποτὲ φανείς, ποτὲ δὲ καὶ ἐν εἰκόνι ἀσωμάτων, νῦν δὲ κ. τ. λ.

[3]) Apol. I. Mar. 79. init. κατ' ἐπίπνοιαν καὶ ἐνέργειαν τὴν παρὰ τοῦ θεοῦ γενομένην.

sein, was einem unbefangenen Urtheil durchaus evident ist; denn der verstandesklare philosophische Justin arbeitet mit analytischer Deutlichkeit und dialektischer Uebung an den grossartigen Anschauungen, die im Evangelium Johannis mit der ganzen Frische ursprünglicher und schöpferischer Erregung an's Licht kamen. Im Johannes sehen wir, wie das historisch Erlebte zuerst in Berührung tritt mit dem philosophischen Idealismus und gewissermassen zur Ueberraschung und zum Entzücken des Apostels selbst zu einer mystischen Einigung in metaphorischer Anschauung verschmilzt. Justin aber findet diese Einigung schon vollzogen, und in seinem Kopfe würde sie nie entstanden sein. Seine Arbeit ist desshalb die genauere Zergliederung und besonnene Vertheidigung einer geistreichen Gedankenfülle, die er geerbt hat. Er ist der gewandte Philolog, der seinen schweren und mächtigen Autor glücklich erklärt.

§. 2. IRENAEUS.

Irenäus, der die zweite Hälfte des zweiten Jahrhunderts nach Christus vertritt, hat eine ganz andere Stellung als Justin; denn die Philosophie, welche bei Justin einen freundlichen Bund mit der Religion und dem Historischen geschlossen, begann durch diesen Umgang selbst entmannt zu werden. Sie verlor ihre logische Nüchternheit, und wie von einem bezaubernden Tranke verzückt, verfiel sie in eine abgeschmackte Raserei, in welcher sie spielerisch die philosophischen termini der Metaphysik, Psychologie und Ethik mythisch personificirte und daraus ein grosses historisches Weltdrama componirte. Irenäus versuchte nun gegen diesen bacchantischen Taumel die früheren gesunderen Normen wieder geltend zu machen.

§. 2. Irenäus.

Der Bericht von den Gnostikern. Dass unser Begriff der Parusie bei dieser Gelegenheit seinen höchst poetischen Beigeschmack ebenfalls abbekommen muss, versteht sich von vornherein. Die Gnostiker lassen Christus, den ewigen Aeon, durch die Maria durchfliessen, wie Wasser durch eine Röhre [1]), und seine Ankunft oder Anwesenheit bei der Achamoth erfordert, dass sie aus Schaam ihr Haupt verhüllt [2]); schliesslich feiert er, wenn aller Saamen vollendet ist, mit der Sophia, der Achamoth, als ihr Bräutigam Hochzeit, und sie wird in die ideale Welt zurückgeführt, mit allen den Menschen, welche ihre Seelen abgelegt, und sich in die rein vernünftige Wesenheit verwandelt haben; diese Menschen werden als Bräute den Engeln aus der Umgebung Christi überliefert. [3]) Der Demiurg, der natürlich von allem Pneumatischen keinen Verstand hat, kommt nicht eher dahinter, als bis Christus anwesend ist, und wird dann selbst in die Welt der Mitte versetzt. — Trotz aller Phantastik schimmern immer die dicken Grundlinien des philosophisch systematischen Aufrisses

---

[1]) S. Jrenaci contra haereses I. 7. (p. 514 Patrolog. ser. graec. VII. Migne.

[2]) Ibid. c. 8. p. 524. τὴν δὲ μετὰ τῶν ἡλικιωτῶν τοῦ Σωτῆρος παρουσίαν πρὸς τὴν Ἀχαμώθ κ. τ. λ.

[3]) Ibid. c. VII. in. p. 512. In den Worten τοὺς δὲ πνευματικοὺς ἀποδυσαμένους τὰς ψυχὰς καὶ πνεύματα νοερὰ γενομένους ἀκρατήτως καὶ ἀοράτως ἐντὸς πληρώματος εἰσελθόντας, νύμφας ἀποδοθήσεσθαι τοῖς περὶ τὸν Σωτῆρα ἀγγέλοις — sieht man deutlich die Platonisch-Aristotelische Psychologie und Ethik. Die Seele ist bei Beiden sterblich, nur der νοῦς (hier πνεύματα νοερά) ist unsterblich und trennbar und kehrt desshalb in's Intelligible (ἀοράτως) zurück, woran ihn natürlich keine Gewalt hindern kann (ἀκρατήτως), da dies sein Wesen ist. Der ganze Prozess wird zugleich von Beiden als ein ethisch zu vollziehender betrachtet.

durch, und die Parusie ist desshalb auch hier der Eintritt des idealen Wesens in die sinnliche Welt und bringt sie zur Erfüllung.

Die eigne Lehre des Irenäus.

Des heiligen Irenäus, Bischofs und Märtyrers, eigene, dem gnostischen Pessimismus widersprechende Ansicht zeigt sich geistvoll und in liebenswürdiger Weise bei seiner Lehre vom Abendmahl. Denn erstlich ist es ihm vor Allem um die Gesinnung zu thun: „nicht die Opfer heiligen den Menschen, sondern das Bewusstsein des Darbringenden, wenn es rein ist, heiligt das Opfer." Dann aber wendet er sich gegen die falschen Gnostiker, welche die Welt, weil sie schlecht sei, nicht von dem guten Schöpfer geschaffen glauben und zeigt ihnen, dass sie im Widerspruch stehen mit der Abendmahlslehre, wonach doch die Erstlinge der Creatur, Brot und Wein, dargebracht werden. „Denn wie können sie im Einklang bleiben damit, dass das Brot, über welches wir den Dank gesprochen haben, der Körper ihres Herrn sei und der Kelch sein Blut, wenn sie ihn nicht selbst für den Sohn des Weltschöpfers halten, d. h. für sein Wort, durch welches das Holz fruchtbar wird und die Quellen fliessen und die Erde zuerst den Halm giebt, dann die Aehre und endlich den vollen Waizen in der Aehre?[1] Irenäus braucht also keine Verwandlung, weder die ganze katholische, noch die halbe lutherische; er

---

[1] Irenaei contra haer. lib. IV. 18. Migne p. 1027. primitias earum quae sunt ejus creaturarum offerentes. — — Quomodo autem constabit eis eum panem, in quo gratiae actae sunt, corpus esse Domini sui, et calicem sanguinem ejus, si non ipsum fabricatoris mundi Filium dicant, id est Verbum ejus, per quod lignum fructificat, et defluunt fontes et terra dat primum quidem fenum, post deinde spicam, deinde plenum triticum in spica? —

braucht auch keine reformirte symbolische Deutung, sondern das Brot und der Wein ist schon an und für sich der Leib und das Blut Christi, weil er ja als das schöpferische Formprincip diese wirkliche Welt selbst hervorgebracht hat und fortwährend ebenso gestaltend ihr innewohnt. Hieraus darf man aber ja nicht schliessen, als lehre Irenäus nun einen crassen Pantheismus und als wenn etwa die Parusie sich auf diese weltbildende Thätigkeit beschränkte, sondern die eigentliche Parusie ist auch ihm nur die menschliche Erscheinung des Wortes ($\lambda \acute{o} \gamma o \varsigma$) auf Erden und er unterscheidet desshalb, wie Justinus, zwei Parusien[1]) und lehrt nicht nur, dass der Sohn Gottes bei seiner ersten Ankunft Fleisch geworden ($\sigma \alpha \rho \kappa \omega \vartheta \acute{e} \nu \tau \alpha$), sondern auch, dass er „im Fleisch zum Himmel aufgehoben" sei.[2]) Die zweite Parusie fasst er dann mit besonderer Betonung der philosophischen termini der Teleologie als die Recapitulation der Welt, d. h. als die Erscheinung des Anfangs im Ende, wie diese Begriffe oben erörtert sind (Vergl. S. 2 und 56).

§. 3. HIPPOLYTUS.

Hippolytus ist uns Philosophen ganz besonders lieb, weil er so reiche Mittheilung von den alten Lehrmeinungen ausschüttet; sein Standpunkt in Bezug auf die Frage der Parusie ist übrigens derselbe. Christus ist

---

[1]) Iren. contra haer. IV. 22 s. f. in secundo adventu.
[2]) Ibid. I. 10. in. $\varkappa \alpha \grave{\iota} \ \tau \grave{\eta} \nu \ \acute{e} \nu \sigma \alpha \rho \varkappa o \nu \ \varepsilon \acute{\iota} \varsigma \ \tau o \grave{\upsilon} \varsigma \ o \grave{\upsilon} \rho \alpha \nu o \grave{\upsilon} \varsigma \ \acute{\alpha} \nu \acute{\alpha} \lambda \eta \psi \iota \nu$.
[3]) Ibid. $\tau \grave{\eta} \nu \ \acute{e} \varkappa \ \tau \tilde{\omega} \nu \ o \vartheta \rho \alpha \nu \tilde{\omega} \nu \ \acute{e} \nu \ \tau \tilde{\eta} \ \delta \acute{o} \xi \eta \ \tau o \tilde{\upsilon} \ \pi \alpha \tau \rho \grave{o} \varsigma \ \pi \alpha \rho o \upsilon \sigma \acute{\iota} \alpha \nu, \ \alpha \grave{\upsilon} \tau o \tilde{\upsilon} \ \acute{e} \pi \grave{\iota} \ \tau \grave{o} \ \acute{\alpha} \nu \alpha \varkappa \varepsilon \varphi \alpha \lambda \alpha \iota \acute{\omega} \sigma \alpha \sigma \vartheta \alpha \iota \ \tau \grave{\alpha} \ \pi \acute{\alpha} \nu \tau \alpha$ oder s. f. $\delta \iota \grave{\alpha} \ \tau \acute{\iota} \ \acute{e} \pi' \ \acute{e} \sigma \chi \acute{\alpha} \tau \omega \nu \ \tau \tilde{\omega} \nu \ \varkappa \alpha \iota \rho \tilde{\omega} \nu \ \acute{\eta} \ \pi \alpha \rho o \upsilon \sigma \acute{\iota} \alpha \ \tau o \tilde{\upsilon} \ \upsilon \acute{\iota} o \tilde{\upsilon} \ \tau o \tilde{\upsilon} \ \vartheta \varepsilon o \tilde{\upsilon}, \ \tau o \upsilon \tau \acute{e} \sigma \tau \iota \ \acute{e} \nu \ \tau \tilde{\omega} \ \tau \acute{e} \lambda \varepsilon \iota \ \acute{e} \varphi \acute{\alpha} \nu \eta \ \acute{\eta} \ \acute{\alpha} \rho \chi \acute{\eta}$.

ihm der über Alles gebietende Gott[1]), zwar nicht selbst der Vater, aber nicht aus Nichts gemacht wie die Welt, sondern aus Gott selbst gezeugt, als sein Kind[2]), die vor dem Morgenstern lichtbringende Stimme. Dies Alles hat Hippolyt genauer in seinem Buche über das Wesen des Alls, worauf er sich bezieht, auseinandergesetzt.[3]) Dieser Gott nimmt nun, damit die Welt es nicht bloss durch dunkle Prophetensprüche ahne, sondern offenbart mit Augen sehe, von einer Jungfrau leibliche Gestalt an und ist selbst anwesend ($παρόντα$) unter uns.[4]) Wenn wir nun durch ihn auch uns erkennen, was die Forderung des „Erkenne dich selbst" in Wahrheit bedeutet, da wir ja unserem Wesen ($οὐσία$) nach auch Gott sind, und dadurch von den Leidenschaften befreit werden, so wird er, da der Gott nicht bettelt, auch uns zu Gott machen zu seiner Glorie.[5])

Dass ihm auch die andern termini geläufig sind, zeigt z. B. sein Bericht von Theodotus, der keine Fleischwerdung in der Jungfrau annimmt, sondern erst in der Taufe in der Gestalt der Taube den Christus zum Jesus herabkommen lässt, wesshalb auch von da ab erst seine Kräfte ($δυνάμεις$) in Wirksamkeit getreten wären ($ἐνεργηθῆναι$.[6])

---

[1]) St. Hippolyti refut. omn. haer. Duncker p. 546. §. 34. s. f. $Χριστὸς\ γὰρ\ ὁ\ κατὰ\ πάντων\ θεός$.

[2]) Ibid. S. 540. §. 33. l. 77. $τὰ\ δὲ\ πάντα\ διοικεῖ\ ὁ\ λόγος\ τοῦ\ θεοῦ\ ὁ\ πρωτόγονος\ πατρὸς\ παῖς\ ἡ\ πρὸ\ ἑωσφόρου\ φωσφόρος\ φωνή$.

[3]) Ibid. p. 536. l. 19. $περὶ\ τῆς\ τοῦ\ παντὸς\ οὐσίας$.

[4]) Ibid. p. 542. $οὐ\ σκοτεινῶς\ κηρυσσόμενον — ἀλλ'\ αὐτοψεὶ\ φανερωθῆναι — — ἀλλ'\ αὐτὸν\ παρόντα\ τὸν\ λελαληκότα$. l. 5. $παρών$. Wieder derselbe Gedankengang, wie in der secunda Petri, vergl. Anm. 2 und S. 68 Anm. 2.

[5]) Ibid. p. 546. s. f. $τουτέστι\ τὸ\ Γνῶθι\ σεαυτόν,\ ἐπιγνοὺς\ τὸν\ πεποιηκότα\ θεόν. — — οὐ\ γὰρ\ πτωχεύει\ θεὸς\ καὶ\ σὲ\ θεὸν\ ποιήσας\ εἰς\ δόξαν\ αὐτοῦ$.

[6]) Ibid. p. 526. l. 65.

§. 4. CLEMENS ALEXANDRINUS.

Wenn man bei Clemens weder in der Ausgabe von Klotz, noch in der „editio accuratissima" von Migne[1]) in dem Index graecitatis das Wort παρουσία aufgeführt findet und auch in dem Index rerum das Wort „adventus" vermisst, so braucht man daraus nicht zu schliessen, dass Clemens an diesem Begriff gänzlich vorübergegangen sei, und dass man etwa das Wort selbst bei ihm nicht antreffen werde. Der Begriff ist ihm natürlich ganz geläufig und auch das Wort steht zu Diensten, z. B. „er hat geglaubt, theils durch die prophetische Weissagung, theils durch die Anwesenheit (παρουσία), dem Gotte der nicht lügt."[2]) Clemens, dieser geistreichste und bilderreichste der alten griechischen Kirchenlehrer, hat aber trotzdem nicht dieselbe Auffassung von der Parusie Christi, wie die Apostel; denn es kam ihm etwas unglaublich vor, dass der allmächtige Gott wirklich lebendig sollte gelitten haben als Mensch; er hielt desshalb dafür, dass es lächerlich sei zu glauben, Christus habe die gewöhnlichen nothwendigen Dienstleistungen bedurft zur Erhaltung seines Körpers, der vielmehr durch eine göttliche Kraft zusammengehalten wurde. Christus, meint er, habe nur gegessen, damit die Andern ihn für einen Menschen hielten.[3]) Darum sagt er von dem „Herrn, dem Reinigenden, Erlösenden, Gnädigen"[4]), wie er ihn mit drei Attributen des Zeus bezeichnet, dass er die

---

[1]) Patrolog. curs. compl. ser. graeca VIII. und IX. 1857.

[2]) Patrolog. ser. gr. IX strom. 6. Sylb. 277. πεπίστευκεν γὰρ διά τε τῆς προφητείας διά τε τῆς παρουσίας τῷ μὴ ψευδομένῳ θεῷ. (Et per prophetiam et per praesentiam). Wie in der secunda Petri, vergl. S. 76. Anm. 4.

[3]) Vergl. Strom. 6 cap. 9. init. Migne.

[4]) Protreptic. X. s. fin. ὁ κύριος — ὁ καθάρσιος καὶ σωτήριος καὶ μειλίχιος. Migne: Clem. I. p. 228.

Maske des Menschen annahm und sich in's Fleisch verkleidete und so unerkannt das Erlöserdrama der Menschheit spielte; denn er war ein ächter Schauspieler."[1]) Dies darf man nicht vergessen, wenn man bei ihm liest, dass das „Wort Gottes sichtlich Fleisch wurde."[2]) Denn auch wir jetzt lebende Menschen sind bei ihm älter als die Arkadier und waren vor der Erschaffung der Welt, da wir des Gottes, des Wortes, logische Bilder sind, und das Wort Gottes ist nur Mensch geworden, um uns zu zeigen, wie der Mensch Gott wird.

§. 5. ATHANASIUS.

Wir eilen nun zum Schluss; denn dass auch bei den übrigen Kirchenlehrern dieselben Auffassungen wiederkehren, versteht sich von selbst. Ich glaube desshalb hier zuletzt nur noch den grössten orthodoxen Kirchenvater, den heiligen Athanasius erwähnen zu müssen, der die Continuität der philosophischen Begriffe in der Ausgestaltung der religiösen Anschauungen belegen soll.

Technische Attribute der ersten Parusie.

Zuerst bestätigen wir, wie Athanasius die erste Parusie Christi benennt und beschreibt. Er hat dafür drei

---

[1]) Ibid. ὅτε τὸ ἀνθρώπου προσωπεῖον ἀναλαβὼν καὶ σαρκὶ ἀναπλασάμενος τὸ σωτήριον δρᾶμα τῆς ἀνθρωπότητος ὑπεκρίνετο ἀγνοηθείς· γνήσιος γὰρ ἦν ἀγωνιστής κ. τ. λ. Aehnlich soll auch so der wahre Gnostiker „das Drama des Lebens spielen, wie es ihm Gott zu spielen gewährt" ὑποκρινόμενος τὸ δρᾶμα τοῦ βίου κ. τ. λ. Strom. VII. Migne Clem. II. p. 489. Aehnlich sagt er auch von den Heiden, dass sie den Himmel zur Bühne gemacht u. s. w, Protrept. IV. Migne p. 157. Aehnlich τῆς ἀληθείας δράμασιν Protrept. XII. M. p. 240.

[2]) Paedagog. I. 3. Migne p. 260 ὁ λόγος αὐτὸς ἐναργῶς σὰρξ γενόμενος. Das Wort ἐναργῶς ist ein philosophischer terminus und bedeutet immer die Evidenz, hier die sinnliche.

§. 5. Athanasius.

Ausdrücke, die mit dem Worte Parusie gebildet werden, nämlich „menschliche (ἀνθρωπίνη) Parusie, fleischliche (ἔνσαρκος) Parusie und leibliche (ἐνσώματος) Parusie." Dem Athanasius ist darum zu thun, durch richtige Auslegung des Evangeliums die Missverständnisse der Arianer zu beseitigen. Man müsse, sagt er desswegen, richtig scheiden: wenn Christus den Lazarus erweckt, so thut er dies kraft seiner Göttlichkeit (θεότης); denn er war das Wort Gottes: wenn er aber weint, so bezieht sich dies auf seine fleischliche Parusie; denn das Wort Gottes war zwar im Anfang der Dinge, aber es ward Fleisch, und die Jungfrau hatte es bei der Vollendung der Zeiten in ihrem Bauche. Wenn er fünftausend Menschen mit fünf Bröten speisst, so thut er es als Gott, er hungert und durstet aber als Mensch u. s. w.[1] Diese fleischliche Parusie nennt er daher ebendaselbst mit einem im Neuen Testament nicht vorkommenden Worte „Menschwerdung" oder „Inmenschung" (ἐνανθρώπησις) und bildet daraus an anderen Stellen häufig auch ein eigenes neues Verbum „menschwerden" (ἐνανθρωπεῖν).[2] In ähnlicher Weise dringt er auch in der ersten Rede gegen die

---

[1] S. Athanasii epist. de sent. Dionys. 9. B. de Montfaucon (Thilo) P. 249. τὴν τοῦ σωτῆρος ἔνσαρκον παρουσίαν, δι' ἣν καὶ ταῦτα καὶ τὰ ὅμοια γέγραπται, καὶ γὰρ ὥσπερ λόγος ἐστὶ τοῦ θεοῦ, οὕτως μετὰ ταῦτα ὁ λόγος σὰρξ ἐγένετο καὶ ἐν ἀρχῇ μὲν ἦν ὁ λόγος, ἡ δὲ παρθένος ἐπὶ συντελείᾳ τῶν αἰώνων ἐν γαστρὶ ἔσχε κ. τ. λ. — ὁ περὶ τῆς θεότητος ἐξηγούμενος οὐκ ἀγνοεῖ τὰ ἴδια τῆς ἐνσάρκου παρουσίας αὐτοῦ κ. τ. λ. Zu bemerken ist der Gegensatz des ἐν ἀρχῇ und der συντέλεια, worin die Teleologie deutlich. Die Interpretation (ἐξηγούμενος) nach den propria (ἴδια) ist ächt Aristotelisch.

[2] Z. B. in der orat. IV. contra Arian. 22 (P. 634) ἐνηνθρώπησε, ἐνανθρωπήσας und häufig. Ich habe aber nicht untersucht, ob nicht vielleicht früheren Kirchenlehrern dieser terminus seine Entstehung verdankt.

Arianer darauf, die Schriftstellen, nach welchen Christus als Geschöpf (κτίσμα καὶ ποίημα) erscheint, richtig auf sein fleischliches oder leibliches Dasein zu beziehen, wodurch sein göttliches Wesen nicht berührt wird.[1]) Denselben Gedanken führt Athanasius auch in der dritten Rede gegen die Arianer aus, dass man nämlich entweder im Hinblick auf die göttlichen Werke des Wortes die Wahrheit des Körpers, oder wegen des dem Leibe Eigenthümlichen das leibliche Dasein des Wortes (τὴν τοῦ λόγου ἔνσαρκον παρουσίαν) läugnen könnte, oder von dem göttlichen Worte gering denken eben um dieser Menschlichkeit willen. Die richtige Distinction zwischen dem, was dem Gotte und was dem Menschen eigenthümlich ist, scheint dem Athanasius dabei das richtige Heilmittel zu sein.[2])

Die Epidemie und Epiphanie Christi.

Interessant ist, dass Athanasius im ersten Brief an Serapion das fleischliche Dasein Christi auch schlechtweg seinen „Reiseaufenthalt" oder seinen „Aufenthalt als Fremder" nennt, wie man wohl das Wort Epidemie übersetzen muss[3]), welches ebenfalls in dem Neuen Testamente nicht vorkommt. Da Athanasius aber den Ausdruck Epiphanie damit abwechselnd braucht, so ist kein Zweifel über die Bedeutung der Epidemie mög-

---

[1]) S. Athanas. orat. I. contra Arian. 53. P. 457 u. 458.

[2]) S. Athanasii orat. III. contra Arian. 35 (P. 585) ἐὰν δέ τις θεϊκῶς τὰ παρὰ τοῦ λόγου γινόμενα βλέπων ἀρνήσηται τὸ σῶμα, ἢ καὶ τὰ τοῦ σώματος ἴδια βλέπων ἀρνήσηται τὴν τοῦ λόγου ἔνσαρκον παρουσίαν κ. τ. λ.

[3]) S. Athan. epist. I. ad Serapionem 9. (P. 657.) ἰδοὺ ἡ παρθένος ἐν γαστρὶ ἕξει καὶ τέξεται υἱόν, καὶ καλέσουσι τὸ ὄνομα αὐτοῦ Ἐμμανουήλ, καὶ τὰ ἄλλα ὅσα περὶ τῆς ἐπιδημίας αὐτοῦ γέγραπται; τῆς δὲ ἐνσάρκου παρουσίας κ. τ. λ. Zur Erläuterung der Metapher vergl. Actor. 17. 21. ἐπιδημοῦντες ξένοι.

§. 5. Athanasius.

lich. So sagt er z. B. von den Ketzern, dass sie nicht glauben wollten, dass Christus auch vor seiner Epidemie Sohn gewesen sei, sondern vor seiner Epiphanie sei er nur das Wort gewesen.¹) Am Schlagendsten wird diese Bedeutung durch die Attribute, wonach die Epidemie völlig gleichbedeutend mit Parusie wird, z. B. „auf die fleischliche Epidemie des Wortes hinblickend"²), oder: „das Gesetz hat Niemand vollkommen gemacht, sondern es bedurfte der Epidemie des Worts; die Epidemie des Worts aber vollendete das Werk des Vaters."³)

Gott kleidet sich in den Leib.

Athanasius zeigt nun auch durch die ganze Terminologie, welche er gebraucht, dass er die Menschwerdung des Wortes in dem oben erklärten Platonischen Sinne auffasst. Beweis dafür ist unter andern der Ausdruck ἐνδύσασθαι „anziehen" oder „eindringen", der in ähnlichem metaphorischen Sinn, aber mit Umkehrung der Rollen, auch im Neuen Testamente z. B. in den Worten „Christum anziehen"⁴) vorkommt. Plato hat ihn öfter, um die Immanenz eines idealen Princips in der sinnlichen Erscheinung auszudrücken; z. B. im zehnten Buche des Staates sagt er bei Gelegenheit der Seelenwanderung, dass die Seele des Spassmachers Thersites sich in einen Affen kleidete, d. h. als Affe erschien oder

---

¹) Athan. orat. IV. contra Arian. 22 (P. 634) πρὸ τῆς ἐναν-θρωπήσεως — — oder πρὸ τῆς ἐπιδημίας τὸν λόγον υἱόν oder πρὸ τῆς ἐπιφανείας μὴ εἶναι υἱὸν ἀλλὰ λόγον μόνον.

²) Athan. orat. I. c. Ar. 59. (P. 463) πρὸς τὴν ἔνσαρκον ἐπιδημίαν τοῦ λόγου βλέπων.

³) Ibid. ὁ νόμος οὐδένα τετελείωκε δεόμενος τῆς τοῦ λόγου ἐπιδημίας, ἡ δὲ τοῦ λόγου ἐπιδημία τετελείωκε τὸ ἔργον τοῦ πατρός.

⁴) Galat. 3, 27. Χριστὸν ἐνεδύσασθε.

als Affe zur Welt kam.[1]) Mit dieser Metapher sagt Athanasius auch von der Incarnation Christi, dass „der Herr, indem er den Körper anzog, Mensch wurde"; oder dass „der Herr das nicht-wissende Fleisch anzog und, in diesem vorhanden, fleischlich sprach: ich weiss nicht"[2]); oder „wenn wir den Herrn im Fleische anbeten, so beten wir kein Geschöpf an, sondern den Schöpfer, welcher den geschaffenen Körper anzog."[3])

Die Platonische Theilnahme ($\mu\acute{\epsilon}\vartheta\epsilon\xi\iota\varsigma$).

Der philosophische Character der Incarnationslehre offenbart sich aber am deutlichsten in der Speculation über den Begriff der „Theilnahme" in Bezug auf das Verhältniss des geschichtlichen Jesus zum Wort. Nach Plato nehmen die geschichtlichen Dinge Theil an der Idee als an ihrem ewigen Wesen, das ihnen Sein und Erkennbarkeit und Werth giebt. Die Dinge heissen desshalb bei ihm das Theilnehmende ($\tau\grave{o}$ $\mu\epsilon\tau\acute{\epsilon}\chi o\nu$), die Idee aber das, woran Theil genommen wird ($\tau\grave{o}$ $\mu\epsilon\tau\epsilon\chi\acute{o}\mu\epsilon\nu o\nu$). Nun ist die theologisch-christliche Speculation natürlich in höchstem Maasse beeifert, zu entscheiden, ob der geschichtliche Christus bloss Theil nimmt am Wort, oder ob er das, woran Theil genommen wird, selbst ist. Die Arianer stehen auf dem starr transcendenten Standpunkt, wie er von Vielen noch heute als der eigentlich Platonische in Anspruch genommen wird,

---

[1]) Platon. Pol. X. 620. C. $i\delta\epsilon\tilde{\iota}\nu$ $\tau\grave{\eta}\nu$ $\tau o\tilde{\upsilon}$ $\gamma\epsilon\lambda\omega\tau o\pi o\iota o\tilde{\upsilon}$ $\Theta\epsilon\rho\sigma\acute{\iota}\tau o\upsilon$ (sc. $\psi\upsilon\chi\grave{\eta}\nu$) $\pi\acute{\iota}\vartheta\eta\kappa o\nu$ $\dot{\epsilon}\nu\delta\upsilon\acute{o}\mu\epsilon\nu o\nu$.

[2]) Athanas. orat. III. contra Arian. 34 (P. 584) $\dot{\omega}\varsigma$ $\dot{o}$ $\kappa\acute{\upsilon}\rho\iota o\varsigma$ $\dot{\epsilon}\nu\delta\upsilon\sigma\acute{a}\mu\epsilon\nu o\varsigma$ $\tau\grave{o}$ $\sigma\tilde{\omega}\mu\alpha$ $\gamma\acute{\epsilon}\gamma o\nu\epsilon\nu$ $\ddot{a}\nu\vartheta\rho\omega\pi o\varsigma$. Ibid. 45. $\ddot{o}\tau\iota$ ($\dot{o}$ $\lambda\acute{o}\gamma o\varsigma$) $\sigma\acute{a}\rho\kappa\alpha$ $\dot{a}\gamma\nu o o\tilde{\upsilon}\sigma\alpha\nu$ $\dot{\epsilon}\nu\epsilon\delta\acute{\upsilon}\sigma\alpha\tau o$, $\dot{\epsilon}\nu$ $\tilde{\eta}$ $\dot{\omega}\nu$ $\sigma\alpha\rho\kappa\iota\kappa\tilde{\omega}\varsigma$ $\ddot{\epsilon}\lambda\epsilon\gamma\epsilon\nu$ $o\dot{\upsilon}\kappa$ $o\tilde{\iota}\delta\alpha$.

[3]) Athan. epist. ad Adelphium 6. s. f. (P. 915) $\tau\grave{o}\nu$ $\kappa\acute{\upsilon}\rho\iota o\nu$ $\dot{\epsilon}\nu$ $\sigma\alpha\rho\kappa\grave{\iota}$ $\pi\rho o\sigma\kappa\upsilon\nu o\tilde{\upsilon}\nu\tau\epsilon\varsigma$ $o\dot{\upsilon}$ $\kappa\tau\acute{\iota}\sigma\mu\alpha\tau\iota$ $\pi\rho o\sigma\kappa\upsilon\nu o\tilde{\upsilon}\mu\epsilon\nu$, $\dot{a}\lambda\lambda\grave{a}$ $\tau\grave{o}\nu$ $\kappa\tau\acute{\iota}\sigma\tau\eta\nu$ $\dot{\epsilon}\nu\delta\upsilon\sigma\acute{a}\mu\epsilon\nu o\nu$ $\tau\grave{o}$ $\kappa\tau\iota\sigma\tau\grave{o}\nu$ $\sigma\tilde{\omega}\mu\alpha$.

§. 5. Athanasius.

und behaupten, Jesus sei als geschichtlicher Mensch bloss „theilnehmend" (μετέχων) am Wort (λόγος) oder an der Weisheit (σοφία) und werde erst durch diese Theilnahme vergöttlicht oder vergottet. Athanasius aber stützt sich auf die vielen Stellen des Neuen Testaments, in welchen die Gottgleichheit des geschichtlichen Jesus ausgesprochen ist, und hat daher eine speculativere Auffassung von der Immanenz der Idee. Er hält Jesus für „das, woran theilgenommen wird" (τὸ μετεχόμενον), d. h. die Idee ist nach ihm lebendig anwesend, wie wir der Tempel Gottes des Lebendigen sind. Darum nimmt der Sohn an nichts Anderem Theil, sondern er ist dieses selbst, woran Theil genommen wird. Sagte man, er nähme am Vater Theil, so wäre dies keine Theilnahme in dem Sinne, dass dadurch die selige Substanz (d. h. Gott) selbst afficirt (πάθος) oder getheilt (μερισμός) würde, sondern die Substanz ist selbst ungetheilt und nicht bloss modaliter, sondern als Substanz (οὐσία) in ihm anwesend. Da man nun aber einstimmig die Ausdrücke theilgenommen werden und zeugen für identisch erkläre, so müsse daher Jesus das Gezeugte oder der Sohn sein, und darum sei er also selbst die Weisheit (σοφία) oder das Wort (λόγος) des Vaters, durch welches dieser Alles geschaffen hat und schafft, und darum der Abglanz (ἀπαύγασμα) und Offenbarung des Vaters und sein Bild (εἰκών) und Gepräge (χαρακτήρ), durch welches der Vater erkannt wird.[1] — Man sieht deutlich, dass

---

[1] Athan. orat. I. contra Arian. 9 (P. 413) καὶ οὐκ ἔστιν ἀληθινὸς θεὸς ὁ Χριστός, ἀλλὰ μετοχῇ καὶ αὐτὸς ἐθεοποιήθη — ferner s. f. καὶ τοῦτον (d. h. der geschichtliche Jesus) ὀνόματι μόνον σοφίαν καὶ λόγον κεκλῆσθαι, κἀκείνης τῆς σοφίας τοῦτον μέτοχον καὶ δεύτερον γεγενῆσθαι. Ibid. 16. (P. 420). Gegen diesen Arianismus behauptet nun Athanasius: ὅτι αὐτὸς μὲν ὁ υἱὸς οὐδενὸς μετέχει, τὸ δὲ ἐκ τοῦ πατρὸς μετεχόμενον, τοῦτό ἐστιν ὁ υἱός· αὐτοῦ

Athanasius sich gänzlich in den speculativen Begriffen Plato's bewegt; und dennoch ist das neue Resultat, wozu er kommt, nicht auch ein philosophisches Resultat, weil die Begründung dieses Verhältnisses des geschichtlichen Jesus zum Vater bloss auf einige Aussprüche der Apostel gestützt wird. Die Auffassung des Athanasius wird nur dadurch beinahe philosophischer, dass auch die menschliche Natur allgemein in dasselbe Verhältniss zu Gott gerückt wird; beinahe, sage ich, weil er auch dieses wieder nur auf Bibelstellen gründet, z. B. auf die zweite Epistel Petri, dass wir mit der göttlichen Natur Gemeinschaft haben. Jedenfalls findet die Parusie in diesen speculativen Begriffen ihre genügende Platonische Erläuterung.

Metusie (μετουσία). Gleichen Wesens (ὁμοουσιότης)
und anwesend (παρουσία).

Die Parusie giebt, wie schon oben gezeigt, dem Athanasius die Gelegenheit, viele Einwendungen der Arianer und Anderer abzuweisen; denn z. B. auch das Gleichniss: „ich bin der Weinstock, ihr die Reben, Gott der Bauer" ist ohne Rücksicht auf die Parusie für Athanasius sehr verfänglich, weil der Bauer ja andern Wesens ist als der Weinstock, Gott also nicht mehr mit Christo gleichen Wesens (ὁμοούσιος) wäre. Athanasius findet den Weg der Auslegung leicht durch die obige Distinction, indem er den Vergleich auf die mensch-

---

γὰρ τοῦ υἱοῦ μετέχοντες τοῦ θεοῦ μετέχειν λεγόμεθα καὶ τοῦτό ἐστιν, ὃ ἔλεγεν ὁ Πέτρος· ἵνα γένησθε θείας κοινωνοὶ φύσεως, ὥς φησι καὶ ὁ ἀπόστολος· οὐκ οἴδατε ὅτι ναὸς θεοῦ ἐστε; καὶ ἡμεῖς γὰρ ναὸς θεοῦ ἐσμεν ζῶντος κ. τ. λ. Ferner: ὁμολόγηται μετέχεσθαι τὸν θεόν, καὶ ταυτὸν (nicht ταυτον, wie in der Ausgabe von Thilo steht) εἶναι μετέχεσθαι καὶ γεννᾶν, οὕτως τὸ γέννημα οὐ πάθος οὐδὲ μερισμός ἐστι τῆς μακαρίας ἐκείνης οὐσίας· οὐκ ἄπιστον ἄρα υἱὸν ἔχειν τὸν θεόν, τῆς ἰδίας οὐσίας τὸ γέννημα κ. τ. λ.

§. 5. Athanasius.

liche Parusie (ἀνϑρωπίνη παρουσία) bezieht, da Gott nicht gleichen Wesens mit dem Fleisch ist, wir aber, wie die Reben mit dem Weinstock, so mit dem geschichtlichen Jesus gleichen Wesens nach dem Fleisch sind und so durch seine Auferstehung denn auch die Hoffnung unserer Auferstehung haben. Seine gleiche Wesenheit (ὁμοουσιότης) mit Gott wird dabei also nicht widerlegt; denn die Wesenheit (οὐσία) des Vaters, die in ihm anwesend (παρουσία) ist, lässt das Gleichniss ganz bei Seite.[1]) Natürlich kann Athanasius diese Deutung nicht dem Gleichniss selbst abgewinnen, sondern er muss andre Stellen zu Hülfe ziehen, die ihm das gleiche Wesen (οὐσία) in Gott und Christus verbürgen, und deren natürlich eine grosse Zahl vorhanden, so dass er nun die erhabene Sprache Christi, wenn er von sich nach der göttlichen Seite spricht, in Gegensatz stellen kann gegen die niedrigen und bettelhaften Ausdrücke, womit die menschliche Seite bezeichnet wird. Wie Christus aber wegen seiner Wesensgemeinschaft (μετουσία) Sohn und Gott und Weisheit genannt wird, so hat er dieses Wesen (οὐσία) auch nicht von Aussen her als ein ihm Fremdes, sondern er ist selbst das in dem Wesen des Vaters, woran von ihm theilgenommen wird.[2])

---

[1]) Athanas. de sententia Dionysii 10. ff. ἀνϑρωπίνως γάρ ἐστιν εἰρημένα περὶ αὐτοῦ τὸ ἐγώ ἡ ἄμπελος ὁ πατήρ ὁ γεωργός — — οὕτως ὄντων ὑψηλῶν καὶ πλουσίων τῶν περὶ τῆς θεότητος αὐτοῦ λόγων, εἰσὶ καὶ αἱ περὶ τῆς ἐνσάρκου παρουσίας αὐτοῦ ταπειναὶ καὶ πτωχαὶ λέξεις κ. τ. λ.

[2]) Athan. orat. 1. contra Arian. 15 (P. 420) πάντως που κατὰ μετουσίαν καὶ αὐτὸς καὶ υἱὸς καὶ θεὸς καὶ σοφία ἐκλήθη — — — δῆλον ὅτι οὐκ ἔξωθεν ἀλλ' ἐκ τῆς οὐσίας τοῦ πατρός ἐστι τὸ μετεχόμενον.

Die Parusie als Energie.

Dass man bei einem so hervorragenden Gelehrten, wie Athanasius war, bei einem so siegreichen Dialektiker auch alle die Instrumente des dialektischen Apparats antreffen wird, steht von vornherein zu erwarten. Darum muss er natürlich auch das mächtige Rüstzeug des Aristoteles, welches in der Unterscheidung von Potenz und Actus besteht[1]), zur Verwendung bringen. Wir sehen daher, dass er den heiligen Geist als Actus oder Energie (ἐνέργεια) des Wortes (λόγος) bestimmt und zwar als heiligende, erleuchtende, lebendige Energie.[2]) Ihn als selbständig von dem Worte zu trennen, dafür scheint der philosophische Grundsatz auszureichen, dass zwei Vollkommene niemals Eins werden können, ein Grundsatz, der in Aristotelischer Metaphysik begründet ist.[3]) Ebendadurch erklärt Athanasius auch die Sündlosigkeit Christi, indem er zwar der Potenz nach sündigen kann; weil aber die Sünde (ἁμαρτία) nicht eher Sünde ist, als bis vorher der praktische Geist in uns die Handlung der Sünde beabsichtigt und durch den Körper actuell vollzogen (ἐνεργήσαντος) hat, so kann Christus, weil diese Bedingung bei ihm eben nicht eintritt, trotz seiner Körperlichkeit sündlos sein.[4]) Durch

---

[1]) Vgl. oben S. 1 ff.

[2]) Athan. epist. ad Serapionem 20. (P. 669) ἑνὸς γὰρ ὄντος τοῦ υἱοῦ, τοῦ ζῶντος λόγου, μίαν δεῖ εἶναι τελείαν καὶ πλήρη, τὴν ἁγιαστικὴν καὶ φωτιστικὴν ζῶσαν ἐνέργειαν αὐτοῦ, wobei freilich die Schwierigkeit, dass eine Energie von einer Energie ausgehen soll, und dabei doch ohne Substrat selbst substanziell sein, nicht Aristotelisch, sondern nur Neuplatonisch verstanden werden kann.

[3]) Athanas. contra Apollinarium lib. I. 2. (P. 923) ὅτι δύο τέλεια ἓν γενέσθαι οὐ δύναται.

[4]) Ibid. τοῦ ἄγοντος τὴν σάρκα τουτέστι τοῦ φρονοῦντος μὴ προενθυμηθέντος τὴν πρᾶξιν τῆς ἁμαρτίας καὶ ἐνεργήσαντος διὰ σώματος εἰς ἐκπλήρωσιν τῆς ἁμαρτίας.

§. 5. Athanasius.

dieselbe Distinction zeigt Athanasius auch, wie Gott Vater sein kann, und Christus Sohn, ehe letzterer als Mensch geboren wird; denn die Parusie wird als Verwirklichung (ἐνέργεια) gefasst und dem potentiellen Zustand (δυνάμει) entgegengesetzt: „auch ehe er in Wirklichkeit (ἐνεργείᾳ) geboren wurde, war er dem Vermögen nach (δυνάμει) im Vater auf ungeborene Weise, da der Vater ewig Vater ist und ebenso König immer und Erlöser immer und alles dem Vermögen nach (δυνάμει) ist, indem er sich immer in identischer Beziehung und in identischer Weise verhält."[1])

Die zweite Parusie.

Athanasius hat betreffs der Wiederkunft Christi besonders mit der Arianischen Auffassung zu kämpfen, wornach der Sohn selbst nicht den Tag und die Stunde wisse, wann das Ende der Dinge kommt, und darum als blosser Mensch sich erweise. Mit Hülfe der obigen Distinction (vergl. S. 79) ist es dem Athanasius sehr leicht, die Schwierigkeit zu lösen; denn nach der göttlichen Seite (θεϊκῶς) weiss das Wort (λόγος) natürlich Alles im Voraus, da es Anfang und Ende ist; um aber recht Mensch zu sein, schämt sich Jesus nicht zu sagen, er wisse es nicht; wissend nämlich als Gott, weiss er es nicht nach dem Fleische (σαρκικῶς).[2]) — Ich bemerke

---

[1]) Athan. epist. de decretis Nicaenae Synodi 10. ἐπεὶ καὶ πρὶν ἐνεργείᾳ γεννηθῆναι δυνάμει ἦν ἐν τῷ πατρὶ ἀγεννήτως, ὄντος τοῦ πατρὸς ἀεὶ πατρός, ὡς καὶ βασιλέως ἀεὶ καὶ σωτῆρος ἀεί, δυνάμει πάντα ὄντος, ἀεί τε κατὰ ταὐτὰ καὶ ὡσαύτως ἔχοντος. Die letztere Bestimmung ist wörtlich dem Plato entlehnt, der durch diese Identität das Wesen der Idee bezeichnet. Dieselbe Bezeichnung findet sich dann (vergl. S. 70 oben) schon bei Justin.

[2]) Athan. orat. III. contra Arianos 43 s. f. (P. 593) ἐπειδὴ γὰρ γέγονε ἄνθρωπος, οὐκ ἐπαισχύνεται διὰ τὴν σάρκα τὴν ἀγνοοῦσαν εἰπεῖν οὐκ οἶδα, ἵνα δείξῃ, ὅτι εἰδὼς ὡς θεὸς ἀγνοεῖ σαρκικῶς.

aber, dass ich nur eine Stelle gefunden habe, in welcher die Wiederkunft auch Parusie oder „der Tag der Parusie"[1]) genannt wird. Sehr möglich, dass mir die übrigen Stellen entgangen sind, obwohl die Indices von Montfaucon gar keine angeben; möglich ist aber auch, dass Athanasius nicht zufällig dieses im Neuen Testamente so gebräuchliche Wort selten für die Wiederkunft Christi, sondern fast immer nur für die Fleischwerdung anwendete, wie er denn für die Wiederkunft gewöhnlich das Ende ($\tau \acute{\epsilon} \lambda o\varsigma$), die Vollendung ($\sigma v v \tau \acute{\epsilon} \lambda \epsilon \iota \alpha$) oder der Tag des Endes ($\dot{\eta} \mu \acute{\epsilon} \rho \alpha \ \tau o \tilde{v} \ \tau \acute{\epsilon} \lambda o v \varsigma$) zu sagen pflegt.

---

[1]) Ibid. 45. $\tau \dot{\eta} \nu \ \dot{\eta} \mu \acute{\epsilon} \rho \alpha \nu \ \tau \tilde{\eta} \varsigma \ \dot{\epsilon} \alpha v \tau o \tilde{v} \ \pi \alpha \rho o v \sigma \acute{\iota} \alpha \varsigma.$

Schluss.

Es ist unsere Untersuchung hier zu ihrem natürlichen Abschlusse gekommen; denn wir wollen den Begriff der Parusie nicht bei den lateinischen Kirchenlehrern verfolgen, weil er durch die Verschiedenheit der Etymologie sich theils in andre Gedankenverknüpfungen verlieren muss, theils bloss als Begriff abgesehen von der Etymologie bearbeitet wird. Denn wenn die Parusie durch Advent übersetzt wird, so können die entsprechenden Formen praesentia, adesse, essentia, substantia, consubstantialitas, incarnatio nur zum Theil die Logik der griechischen Etymologie mitmachen; es ist vielmehr natürlich, dass theils der Advent als äusserlicher Ortswechsel gefasst wird, theils die Metapher des Advents in unseren Herzen überhand nimmt, theils endlich die Speculation sich den etymologisch anders gebildeten Begriffen z. B. der Incarnation mehr zuwendet.

Der Begriff der Parusie und seine Geschichte.

Die Parusie ist, wenn wir ihren Ursprung bei Plato in's Auge fassen, doch eigentlich nur ein dürftiges logisches Postulat, um uns zu erklären, wie in dem erscheinenden Einzeldinge Eigenschaft, Wesen oder Form vorhanden sei. Wie die Anwesenheit der Wärme ein Ding warm, die Anwesenheit der Schönheit es schön und so allgemein die Anwesenheit der Idee es bestimmt und geformt mache: das ist, wie ja auch Sokrates ausdrücklich angiebt, keine gehörige Erklärung, sondern nur ein Asyl der Ignoranz. Ja wenn nicht Plato entschieden alle Räumlichkeit und Zeitlichkeit der Idee läugnete, so wäre diese Platonische Parusie nicht viel von dem blossen Ortswechsel verschieden, wozu freilich dann noch das Geheimniss der Vervielfältigung des Einen und Allgemeinen käme, da das Schöne an sich nur Eins und allgemein ist, der schönen Dinge aber viel vorhanden sind. Es ist dies vielleicht auch der Grund, wesshalb der Begriff der Parusie sich verhältnissmässig so sehr wenig gebraucht findet, sowohl bei Plato, als bei Aristoteles, da er gewissermassen keiner Entwickelung fähig ist mit Ausnahme der oben[1]) erwähnten von dem äusserlichen Ortswechsel bis zur idealen Immanenz. So konnte es auch geschehen, dass die Parusie, ohne eigentlich verändert zu werden, von den christlichen Autoren einfach hinübergenommen wurde, doch freilich mit dem Unterschiede, dass die Erscheinung des Wortes zwar auch als Feuer und in anderen sinnlichen Bildern vor sich geht, und bruchstückweise auch in weisen und erleuchteten Menschen stattfindet, dass aber der substantivische Ausdruck Parusie im christlichen Sinne sich immer nur auf die einmalige Incarnation des Wortes in dem einen Individuum Jesus bezieht. Will man zwischen der ersten Platonischen Auffassung und der christlichen noch eine Zwischenstufe suchen, so könnte man diese auch bei Plato antreffen. Er lehrt nämlich zwar, dass die Anwesenheit der Idee des Warmen ein Ding warm mache und ihre Abwesenheit auch den Verlust der Wärme zur Folge habe, und dass so die Dinge im Allgemeinen von ihrem Formwesen trennbar seien und mit den Gegensätzen wechseln könnten; aber er bemerkt zugleich, dass es einige Dinge gäbe, die mit einer be-

---

[1]) S. 16 ff. und 27.

stimmten Idee unauflöslich und unabtrennbar zusammenhingen, so dass sie mit Verlust der Idee auch ihre Existenz selbst verlören. Als solche bezeichnet er z. B. das Feuer, welches so mit der Wärme verbunden ist, dass es kein kaltes Feuer geben könne; so hänge der Schnee mit der Kälte zusammen, und vermöge die Wärme nicht aufzunehmen, und so die Seele mit dem Leben, denn wo Seele, da auch Leben.[1]) Diese Platonische Lehre von einer so zu sagen substanziellen Einheit des Realen mit einem Idealen, steht der christlichen Lehre von der Parusie um einen Schritt näher, als die erste abstract logische Auffassung, und dennoch ist sie dadurch noch unendlich von ihr verschieden, weil bei Plato dies Reale, in welchem die Idee immer anwesend ist, kein **Individuum** bildet, sondern als ein **Stoff allgemeiner Natur** ist und darum auch in beliebiger **Vielheit** existirt, wie es ja viel Feuer und viele Seelen giebt. In der christlichen Auffassung aber ist die Parusie nur in einem einzigen Individuum vollzogen und braucht sich auch nicht zum zweiten Male zu vollziehen; denn derselbe Körper, in welchem die Incarnation geschah, fährt auch mit gen Himmel[2]) und umgiebt den Weltrichter auch bei seiner Wiederkunft in einer untrennbaren und unauflöslichen Weise.

Der Dualismus als unüberwundener Mangel in dem Begriff der Parusie.

Wenn wir so den Begriff in seiner Geschichte begleitet und die verschiedenen Bedeutungen desselben verstanden haben, so müssen wir doch gestehen, dass

---

[1]) Platon. Phaed. p. 106. A. Hierbei erinnert man sich an die merkwürdige Vorstellung von Origenes, die offenbar auf derselben Platonischen Anschauung beruht. S. weiter unten S. 94.

[2]) Vergl. z. B. Irenäus oben S. 75 Anmerk. 2.

sein Inhalt immer unverändert blieb und bleiben musste, weil er bei allen den verschiedenen Anwendungen doch nur die logische Immanenz des Allgemeinen im Einzelnen ausdrücken kann. Die philosophische Frage, wie diese Parusie sich nun durch die wirklichen Bedingungen des Realen ereignet, oder welche Beschaffenheit die Idee haben muss, um mit dem Materiellen sich einigen zu können, bleibt dabei gänzlich bei Seite. Daher sind die späteren Aristotelischen Begriffe von dem Vermögen ($δύναμις$) und der Verwirklichung ($ἐνέργεια$) viel belehrender und haben eine viel grössere Verbreitung genommen, weil sie das Verhältniss des Realen oder der Materie zu der Idee als dem Formprincip genauer ausdrücken, während die Ausdrücke Epiphanie und Apokalypse nur Beziehungen der Energie zu der Erkenntniss der Menschen enthalten. Die griechischen und lateinischen Theologen haben in ihrer philosophischen Arbeit an der reichen neuen Gedankenwelt des Evangeliums zwar mit grosser Schärfe das Verhältniss der verschiedenen Principien zu bestimmen versucht, indem sie theils die Natur als den Vater von dem intelligiblen Wort als dem Sohn unterschieden und diesen wieder als das allgemeine Formprincip der Welt von seiner geschichtlichen und individuellen Energie in Jesus für die Betrachtung trennten und doch wesentlich damit einigten; und sie haben sogar auch mit grosser Mühe die fleischliche Erscheinung von der ideellen psychischen und pneumatischen Seite in der Incarnation unterschieden; aber das wird man nicht umhin können zu bemerken, dass sie dem Wesen der Materie keine nennenswerthe Arbeit zugewandt haben. Der Begriff der Materie kommt in der christlichen Theologie um keinen Schritt über die Auffassungen des transcendenten Platonismus hinaus; denn es wäre doch nur ein leeres Wort, wenn man die Erschaffung derselben aus Nichts für einen Fortschritt gegen das

Platonische Nichtseiende ausgeben wollte, da hierdurch weder die eigenthümliche Natur der Elemente, noch der Begriff des Räumlichen und Zeitlichen und der Vielheit und der Naturgesetze im Gegensatz zu der unräumlichen, unzeitlichen und durch Zahl und Maass nicht bestimmbaren Natur des idealen Princips auch nur die mindeste Aufklärung erhält. Vielmehr wird die Materie von den griechischen christlichen Theologen immer als ihrem Begriffe nach bekannt vorausgesetzt; indem sie nur als ein dem göttlichen Formprincip völlig unterworfenes, widerstandsloses Material betrachtet wird, das sogar in einem irgendwie gereinigten oder verklärten Zustande sich auch auf mysteriöse Weise zur bleibenden Erscheinung des intelligiblen Princips eignet. Die orthodoxe griechische Theologie bleibt daher bei dem Dualismus stehen, während allerdings einige halb häretische Lehrer, wie Origines, eine phantastische Erklärung suchten, oder wie Tertullian, den geistreichen Materialismus der Stoiker in die christliche Lehre einführten. Wenn in der That der orthodoxe, poetische, und dialektisch gewandte heilige Gregorius von Nyssa den Versuch macht, zu zeigen, wie aus rein Idealem das Materielle hervorgehen könne, so wird man mit Zuneigung und ich möchte sagen Bewunderung, die scharfsinnigen Feinheiten dieses so gut geschulten Aristotelikers lesen, ohne doch weiter das gewonnene Resultat für beachtenswerth zu halten; denn er selber hat gewissermassen nur zum Spass den Materialisten einen Schrecken beibringen wollen, indem er plötzlich, wie Berkley, die Körper in lauter von der Materie trennbare Qualitäten auflöst, die ihrerseits intelligibel und immateriell sind, und deren Zusammentreten erst das Materielle bildet. Dass er das Räthsel nicht gelöst zu haben glaubt, gesteht er offen ein, indem er sagt, dass die Frage, wie die ausgedehnte Materie in dem bloss intelligiblen immateriellen Gott war, unseren Verstand überschreitet, und er begnügt sich mit dem Glauben an die Schrift, da Gott auch dem Nicht-Seienden Substanz verleihen und nach Belieben Eigenschaften zufügen kann.[1]) Ebensowenig leistet der gewandte und geistreiche Denker Origenes; denn obgleich er einmal den Versuch macht, mit einem umgekehrten Darwinismus alle Art-Formen der Natur bis auf die elementare Materie herab durch Variabilität aus einer allmählichen Verschlechterung der vollkommenen Geister ethisch zu erklären: so setzt er doch an andern Stellen wieder in naivem Widerspruch damit die Materie als bekannt und gegeben voraus und bemüht sich, die Incarnation Gottes nach der mythologischen Auffassung des Platonismus zu begreifen. Da nämlich Gottes Wesen als solches der Vereinigung mit der Materie nicht zugänglich ist, so verlangt die Incarnation ein Mittelwesen d. h. die Seele, die als solche sowohl mit Gott als mit der Materie sich verbinden kann. Da nun bei Plato die Seelen in verschiedener Weise an der Idee participieren, einige Dinge aber eine unlösliche Gemeinschaft mit einer Idee besitzen (s. S. 91 oben): so denkt sich Origenes, dass eine Seele das ganze Wort Gottes zu einer unzertrennlichen Einheit in sich aufgenommen habe, und dass durch diese Seele Gott Mensch geworden sei. — Ganz abgesehen von der mangelnden Orthodoxie ist hierdurch auch die individuelle und historische Parusie nicht im Mindesten erklärt, und wir müssen also wiederholen, dass die christliche Theologie in dem Begriff der Parusie die dualistische Auffassung der Materie nicht hat überwinden können.

---

[1]) Gregor. Nyssen. περὶ κατασκευῆς ἀνθρώπου cap. 23 u. 24.

Begriff und Etymologie der Entelechie.

Seit dem Alterthume herrscht ein Streit über die Etymologie des terminus Entelechie, und er ist noch heute fortzuführen; denn die Beilegung, wie sie durch Trendelenburg geschehen, scheint mir trotz der Autorität des verehrten Mannes nicht befriedigend. Wir haben nämlich nicht nur ein Schwanken der Handschriften zwischen ἐνδελεχής und ἐντελεχής in den Aristotelischen Büchern selbst, sondern wir finden auch bei Plato ἐντελεχῶς für ἐνδελεχῶς, sei es durch Verschreiben der Copisten, sei es aus andern Gründen. Dies scheint mir schon zu beweisen, dass diese Wörter so zum Verwechseln ähnlich sind, dass eine Thüringer Aussprache genügt, um uns zweifelhaft zu machen, ob wir ἐντελεχής oder ἐνδελεχής gehört haben.

Als ich meinem lieben Collegen, Professor Leo Meyer, meine Vermuthung von der Identität dieser beiden Wörter aussprach, und ihn befragte, ob man wirklich eine ganz verschiedene Etymologie derselben annehmen müsse, und ob dieselben nicht auch bloss durch dialektische Verschiedenheit der Aussprache getrennt sein könnten: so erklärte er seine Zustimmung, indem er namentlich hervorhob, dass bei einem so langen Worte wie ἐντελέχεια kaum eine Neubildung wahrscheinlich sei, da einem das Wort ἐνδελέχεια unfehlbar in die Erinnerung kommen müsse; ferner meinte er sich kaum eines Beispiels zu entsinnen, dass etwa zwei solche bloss dialektisch verschiedene Wörter in ganz verschiedenen Bedeutungen nebeneinander sich gehalten hätten. Vorsichtig bemerkte er jedoch, dass man bei Aristoteles, der seine termini zuweilen willkürlich bildet, eher in Zweifel bleiben könnte.

Vorläufige Vermuthung über den Zusammenhang.

Wenn man nun bemerkt, dass der Ausdruck ἐντελέ-χεια erst bei Aristoteles vorkommt, während der Ausdruck ἐνδελέχεια sich schon vor ihm findet und dass bei Plato ἐνδελεχῶς und ἐνδελεχής in zweifelloser Bedeutung stehen, so scheint es mir unglaublich, dass Aristoteles auf eigne Faust sich einen zum Verwechseln ähnlichen terminus ohne ihn je zu unterscheiden, sollte geschaffen haben. Dagegen glaube ich Alles für mich zu haben, wenn ich annehme, dass Aristoteles, wie bei vielen andern Wörtern, so auch bei diesem die etymologische Ableitung des Wortes nicht verstand, und daher, wie alle die Griechen pflegten, mit der unbefangensten Sicherheit seine Etymologie von τέλος hineinelegte. Mag es nun durch diese zufällige Etymologiegekommen sein oder durch einen dialektischen Unterschied der Aussprache, kurz dasselbe Wort ἐνδελέχεια und ἐνδελεχής und die andern abgeleiteten Formen werden seit der Zeit unsicher in der Schreibung und es kommt ausserdem zu der alten hergebrachten Bedeutung des Wortes noch die neue Ausprägung des philosophischen terminus hinzu, so dass immerhin ἐνδελέχεια neben ἐντελέχεια gebräuchlich bleiben kann, und zwar so, dass ἐνδελέχεια den ursprünglichen Sinn behält, ἐντελέχεια aber als philosophischer terminus der Peripatetiker gilt, jedoch, und dies ist die Hauptsache, nur so, dass der Aristotelische terminus aus dem hergebrachten Worte ἐνδελέχεια entstanden ist und nur als terminus eine bestimmte Bedeutung erhalten hat, die sich aber auch gänzlich aus dem hergebrachten Sinne des Wortes ἐνδελέχεια erklären lässt.

Cicero's Erklärung.

Cicero hat bekanntlich in den Tusculanen behauptet, dass Aristoteles die Seele mit einem neuen Namen benannt habe, nämlich dem der Entelechie, und fügte zur Erklärung bei: „gleichsam als eine fortgesetzte und immerwährende Bewegung."[1]) Cicero hatte also die Entelechie aus dem Begriff der Endelechie erklärt und darin eine Metapher (quasi) gesehen. Er sagt: mit einem neuen Namen, und nicht: mit einem neuen Worte. Das Wort ist ihm ganz geläufig; und neu ist nur die Anwendung auf die Seele: desshalb fügt er aus der Bedeutung des bekannten Wortes die Erklärung des neuen Namens der Seele hinzu, indem er das Metaphorische hervorhebt.

Trendelenburg und die herrschende Ansicht.

Von der Geschichte des hieran sich knüpfenden Streites schweige ich, man findet bei Trendelenburg, mit dessen Erklärung sich die Späteren beruhigt haben, die wichtigsten Notizen excerpirt. Ich will desshalb nur Trendelenburg selbst citiren, weil er, wie gesagt, aus der umfassendsten Erkenntniss des Aristoteles die Bedeutung der Entelechie, man kann sagen, endgültig festgestellt hat. Trendelenburg nun erklärt, dass die Entelechie von der Endelechie, **einem Worte dunklen Ursprungs**, mit dem Sinne „Fortsetzung" (continuatio), **gänzlich zu scheiden ist**; denn die Bedeutung beider sei wie nur irgend etwas in der Welt von einander verschieden.[2]) Und zwar bestimmt Trendelenburg die Entelechie durch die beiden Begriffe des Zwecks (finis) und der Vollkommenheit (perfectio), so dass die Entelechie sei, wo ein Ding zur Vollkommenheit oder zu seinem Zwecke gelangt ist und wie die weiteren Unterscheidungen demgemäss sind.

---

[1]) Ciceron. Tuscul. I. 10 et sic ipsum animum ἐντελέχειαν appellat nomine, quasi continuatam motionem et perennem.

[2]) Trendelenb. de anim. comment. p. 319: ἐνδελέχεια, continuatio, obscurae originis vox, ab ἐντελεχείᾳ prorsus segreganda est; significatio enim, si qua usquam, diversa est.

Absicht dieser Untersuchung.

Meine Absicht ist nun nicht, die Trendelenburgsche Erklärung der Entelechie zu bezweifeln; vielmehr erkenne ich sie an, da sie durchweg auf Aristotelischer Anschauung beruht. Das Neue, das ich hier zur Prüfung den Mitforschern vorlege, besteht nur darin, Cicero mit Trendelenburg zu versöhnen, d. h. zu zeigen, dass die richtige und schärfste Erklärung der Entelechie sich mit natürlicher Einfachheit aus dem Begriffe der Endelechie entwickeln lässt, so dass auf diese Weise auch die Sprachforschung bei der doch wohl nothwendigen Identität beider Wörter befriedigt wird.

Und zwar ist die Sache so einfach und durchsichtig, dass mir die Länge der Auseinandersetzung fast widersteht, und doch kann grade das Einfachste nur aus mühsamer Arbeit zur Erkenntniss kommen.

Etymologie von Endelechie und Gebrauch bei Plato.

Beginnen wir mit der Endelechie. Nach Curtius (Grundzüge der griechischen Etymologie 3. Aufl. S. 180 f.) geht das Wort zurück auf δολιχός lang, davon δόλιχος lange Rennbahn, ἐνδελεχής fortdauernd, ἐνδελέχεια Fortdauer, ἐνδελεχέω daure fort. Die Endelechie hat darnach die Bedeutung einer Fortsetzung ohne Absatz und Ende angenommen z. B. bei Plato, auf den man als den Lehrer des Aristoteles immer zuerst zurückgehen muss. Plato sagt von der Beschäftigung mit der Wissenschaft, dass man ununterbrochen (ἐνδελεχῶς) dabei bleiben müsse 5 Jahre lang und scheint den Begriff des Continuirlichen noch besonders zu betonen, da er hinzufügt: „indem man nichts Anderes treibt." Durch Ausschluss des Anderen ist man in die Dasselbigkeit (Identität) gebannt und dadurch der Absatz oder die

Unterbrechung verneint.[1]) An einer andern Stelle[2]) ist zwar der Sinn des „unaufhörlichen Flusses" auch sicher, doch hat Plato nicht selbst epexegetisch grade diesen Begriff ausgedrückt; dagegen giebt eine dritte Stelle die Bedeutung in vollster Deutlichkeit. Plato will daselbst die Ewigkeit der Bewegung erklären und zeigt dies aus der nothwendigen Ungleichheit und demgemässen Unähnlichkeit zwischen Bewegendem und Bewegtem und schliesst: dass also, weil die Unähnlichkeit der Elemente ewig bewahrt bleibt, auch die Bewegung derselben ewig sei und unaufhörlich (ἐνδελεχῶς) sein werde.[3]) Das Wort unaufhörlich oder ununterbrochen (ἐνδελεχῶς) ist hier offenbar nur wie eine Häufung von Synonymen zu verstehen, da es in sinnlicher Weise dasselbe sagt, wie das zweimal gesetzte „ewig" (ἀεί); denn jede Unterbrechung wäre natürlich eine Aufhebung des Ewigen. Es ist also die Bewegung ohne Absatz und Ende.

Begriff des ἐνδελεχές bei Aristoteles.

Wir kommen nun an den Gebrauch des Wortes bei Aristoteles selbst. Es finden sich zwei Formen, ἐνδελεχής und ἐνδελεχῶς, und zwar die erste zweimal, die andre einmal in den ächten Werken; in den unächten oder bezweifelten kommen noch drei Stellen vor. Der Gebrauch ist also äusserst sparsam. Alle Stellen beweisen aber aufs Deutlichste, dass dieses Wort nächstverwandt dem συνεχής ist und das Continuirliche bedeutet und doch nicht synonym; denn das Wort συνεχής bezieht

---

[1]) Platon. de republ. ζ' 539. D. ἐπὶ λόγων μεταλήψει μεῖναι ἐνδελεχῶς καὶ ξυντόνως μηδὲν ἄλλο πράττοντι κ. τ. λ.

[2]) Platon. Tim. 43. C. μετὰ τοῦ ῥέοντος ἐνδελεχῶς ὀχετοῦ κινοῦσαι. —

[3]) Ibid. 58. C. οὕτω δὴ διὰ ταῦτα ἡ τῆς ἀνωμαλότητος διασωζομένη γένεσις ἀεὶ τὴν ἀεὶ κίνησιν τούτων οὖσαν ἐσομένην τε ἐνδελεχῶς παρέχεται.

sich sowohl auf Zeit und Bewegung, als auch auf das im Raum Befindliche, während ἐνδελεχής nur auf Zeit und Bewegung bezogen ist in allen überlieferten Stellen. Das ἐνδελεχές ist daher das Continuirliche in der Bewegung, und zwar, da jede Bewegung continuirlich ist, noch genauer: die Bewegung sofern sie ohne Absatz und Ende ist.

Zum Beleg hier die Stellen. In der Meteorologie[1]) wird erklärt, dass die Bewegung des Wassers von unten nach oben durch die Verdampfung, und umgekehrt die Bewegung der Luft nach unten durch Verdichtung in Wasser als Regen, einen ewig ununterbrochenen (ἐνδελεχές), kreisförmigen Fluss bildeten, wie ihn sich die Alten als den Okeanos um die Erde strömend gedacht hätten. Durch die Bestimmung im Kreise (κύκλῳ) und ewig (ἀεί) wird die Bedeutung des ἐνδελεχές zweifellos. — Die andern beiden Stellen kommen in dem Buche vom Entstehen und Vergehen vor und zwar in einem und demselben Capitel:[2]) Aristoteles zeigt daselbst, dass die räumliche Bewegung, indem sie die Ursachen heranführt und wegführt, auch das Werden (γένεσις) bedingt, und zwar dass, wie die Bewegung eine ewige und continuirliche ist, so auch das Werden ein fortwährendes oder ununterbrochenes (ἐνδελεχῆ und ἐνδελεχῶς) sein muss.

Die letzte Stelle ist aber sowohl an und für sich, als auch besonders für den hier zu führenden Beweis von einer hervorragenden Bedeutung und darf desshalb ausführlich erörtert werden. Aristoteles sagt daselbst, die „Natur", oder wie es nachher heisst, „der Gott" habe als Zweck immer das Bessere (βέλτιον); besser aber sei das Sein als das Nichtsein; nun könne aber unmöglich wegen des weiten Abstandes von dem Princip

---

[1]) Meteorol. I. 9.
[2]) Aristot. de gener. et. corr. II. 10 init. et med.

Begriff des ἐνδελεχές bei Aristoteles.

in Allem das Sein vorhanden sein; also habe darum der Gott das Ganze auf dem noch übrig bleibenden zweiten Wege zur Vollkommenheit gebracht, indem er das Werden zu einem fortwährenden (ἐνδελεχῆ) machte; denn so liess sich das Sein am Meisten zusammenflechten, weil am Nächsten der Substanz (οὐσία) dies ist, dass auch das Werden ewig wird.[1] — An dieser Stelle muss man folgendes besonders erkennen: 1) dass das Werden und Werdende als solches nicht ist und nicht am Wesen, oder an der Substanz (οὐσία) theilhat. 2) Es ist insofern kein Ganzes (ὅλον) und kein Vollkommenes (συνεπλήρωσε); die Substanz (οὐσία) ist das Ganze und Vollkommene oder der Zweck selbst oder, wie es sonst heist, die Entelechie. 3) Soll nun das Werden dem Sein am Nächsten gebracht werden, so dass es also zwar nicht Substanz oder Entelechie ist, aber dieser doch so nah als möglich (ἐγγύτατα) ist, so geschieht dies durch das Fortwährende d. h. durch die Endelechie. Die Endelechie ist also nach Aristoteles das der Substanz Aehnlichste. Wenn wir daher vom Werden ausgehen, so sehen wir ein, 1) dass dieses nichts Ganzes und Fertiges ist, sondern gewissermaassen verstümmelt (κόλοβον) oder Theil (μέρος) und nur nach dem vollendeten Sein (τέλειον) oder dem Wesen oder der Substanz (οὐσία) strebt; 2) dass aber das Werden dadurch dass es ohne Absatz und Ende fortwährend (ἐνδελεχῶς) dauert, dem Wesen am Nächsten kommt. So ist also der Begriff der Endelechie hiernach

---

[1] Aristot. de gen. et corr. II. 10. ἐν ἅπασιν ἀεὶ τοῦ βελτίονος ὀρέγεσθαί φαμεν τὴν φύσιν, βέλτιον δὲ τὸ εἶναι τοῦ μὴ εἶναι.— τοῦτο δ'ἀδύνατον ἐν ἅπασιν ὑπάρχειν διὰ τὸ πόρρω τῆς ἀρχῆς ἀφίστασθαι, τῷ λειπομένῳ τρόπῳ συνεπλήρωσε τὸ ὅλον ὁ θεός, ἐνδελεχῆ ποιήσας τὴν γένεσιν· οὕτω γὰρ ἂν μάλιστα συνείροιτο τὸ εἶναι διὰ τὸ ἐγγύτατα εἶναι τῆς οὐσίας τὸ γίνεσθαι ἀεὶ καὶ τὴν γένεσιν.

von allem was entsteht und vergeht am Geeignetsten, um den Begriff des Wesens oder des Vollkommenen d. h. dessen, was nicht entsteht und vergeht, sondern immer ganz und vollendet ist, zu gewähren.

Der Begriff der Entelechie.

Gehen wir nun von der entgegengesetzten Seite aus und fragen, was bei Aristoteles die Unterschiede des Vermögens (δύναμις) und der Wirklichkeit (ἐντελέχεια) bedeuten. Brentano[1]) wird wohl einräumen, dass man

---

[1]) Vergl. Brentano's werthvolles Buch über „die mannigfache Bedeutung des Seienden nach Aristoteles." Ueber seine Behandlung der Begriffe von δύναμις und ἐνέργεια möchte ich hier bemerken, dass er mit Unrecht meint S. 50: „Es fragt sich, wann etwas in Möglichkeit sei, während über das in Wirklichkeit Seiende in dieser Beziehung kein Zweifel ist." Warum sollen wir über das Wann in Bezug auf die Wirklichkeit nicht ebenso zweifeln, wie in Bezug auf die Möglichkeit? Ja noch viel mehr, sofern die Energie wichtiger ist, als die Potenz, und sie ausserdem mit der unvollendeten Energie, nämlich der Bewegung, verwechselt werden kann. Das Wann aber für die Möglichkeit, wie es Brentano bestimmt, kann ich ebenfalls nicht anerkennen, obwohl ich es sehr verdienstlich finde, dass er die Frage so zugespitzt hat; denn seine Behauptung S. 51, 60, 64, dass an der Wirklichkeit nur, „eine einzige Action", „eine einzige Operation", „ein einziger Wurf" fehlen müsse, ist durch keine Aristotelische Stelle belegt; vielmehr ist der Sprachgebrauch bei Aristoteles viel realer und umfassender; ausserdem würde sich sofort zeigen, dass in dieser „einzigen" Operation eine beliebige Vielheit von wirkenden Ursachen stecken, da der Arzt ja nicht hone Hände, Medicamente, Instrumente u. s. w. handelt. Endlich wo die Verwirklichung nicht von Aussen geschieht (ὅσων ἔξωθεν ἡ ἀρχὴ τῆς γενέσεως), sondern in dem sich Verwirklichenden selbst (ὅσων ἐν αὐτῷ τῷ ἔχοντι), da darf überhaupt nichts fehlen, auch nicht ein „Einziges", wenn wir das δυνάμει anerkennen sollen; denn z. B. das σπέρμα ist in diesem Sinne noch nicht δυνάμει ἄνθρωπος, weil es erst ἐν ἄλλῳ, d. h. in der ὑστέρᾳ seine Umwandlung vollziehen muss.

nicht bloss fragen dürfe, wann etwas dem Vermögen nach ($\delta\upsilon\nu\alpha\mu\epsilon\iota$) ist, sondern auch, wann etwas in Wirklichkeit ($\dot\epsilon\nu\tau\epsilon\lambda\epsilon\chi\epsilon\iota\alpha$) ist? Welche Antwort giebt Aristoteles darauf? Und giebt er überhaupt eine Antwort? Hat er überhaupt diese Frage gestellt? Er fragt und antwortet mit der wunderbarsten Klarheit und braucht seine Entscheidung als Kriterium überall, wo es gilt, zwischen dem Gebiete des Werdens und Seins zu entscheiden. Ich habe darüber schon in meinen früheren Aristotelischen Forschungen gehandelt[1]) und ziehe daher hier nur das Wichtigste zusammen. Aristoteles entscheidet: **wo der Zeitunterschied auch die Sache unterscheidet, da ist Werden und Bewegung**, z. B. ich baue und habe gebaut, ist eine ganz verschiedene Sache, ebenso ist's ganz verschieden, ob ein Ding trocken wird oder trocken geworden ist. **Wo aber der Zeitunterschied wegfällt und Vergangenheit und Gegenwart an der Sache selbst nichts ändern, da ist Wesen oder Wirklichkeit** ($\dot\epsilon\nu\dot\epsilon\rho\gamma\epsilon\iota\alpha$) oder Entelechie, z. B., sagt Aristoteles, ich sehe und habe gesehen zugleich, ich denke und habe gedacht zugleich u. s. w.; sehen, denken, Freude sind Entelechie. Wenn bei der Lust oder Freude ($\dot\eta\delta o\nu\dot\eta$) die Zeit einen Unterschied machte, so wäre sie eine Bewegung ($\kappa\iota\nu\eta\sigma\iota\varsigma$) oder ein Werden ($\gamma\dot\epsilon\nu\epsilon\sigma\iota\varsigma$) und gehörte dem Unvollkommenen, dem Entstehenden und Vergehenden, an. Da bei ihr aber das **Kriterium der Entelechie** zutrifft, wie er in der meisterhaften Untersuchung im letzten Buche der Nikomachien zeigt, dass der Zeitunterschied wegfällt und damit auch alle die Kriterien der Bewegung, z. B. Geschwindigkeit und Langsamkeit, und man in der Lust selbst keine Geschwin-

---

[1]) Teichmüller, Aristot. Forschungen Band II. Aristoteles Philosophie der Kunst (Halle. Em. Barthel 1869) S. 42 ff.

digkeit hat, und da ebenso es nicht ist wie beim Gehen und beim Hausbau, wo in jedem Zeitpunkte die Sache der Art (εἴδει) nach anders ist, und die Aufeinanderlegung der Tambours verschieden ist von der darauf folgenden Canellirung der Säule und diese von der Aufzgung des Triglyphen und dieser von der Basis der Säule u. s. w. — da, wie gesagt, die Lust nicht wie das Werdende und in Bewegung Begriffene in jedem Zeitpunkte unvollendet (ἀτελής) ist, sondern vielmehr in jedem Zeitpunkte ein Ganzes (ὅλον) und vollendet (τελεία) und der Art (εἶδος) nach identisch: so ist die Lust eine Energie oder Entelechie, oder genauer die Vollendung der Energie.[1])

Verhältniss von Endelechie und Entelechie.

Fragen wir nun, was also das Kriterium der Energie, der vollendeten Wirklichkeit, des vorhandenen Wesens ist? Die Antwort muss lauten: Wesen und Wirklichkeit ist vorhanden, wenn das, was ist, der Art nach unverändert ohne Absatz und Ende fortwährt und die Zeitunterschiede keine Wesensunterschiede hervorbringen. Wie bezeichnet Aristoteles das Fortwähren ohne Absatz und Ende? Antwort: Durch ἐνδελεχῶς. Und wie bezeichnet Aristoteles die Energie, sofern sie das aus dem Zustande der Bewegung und des Werdens herausgekommene Wesen ist? Antwort: Durch Entelechie. Es scheint mir hierdurch so gut wie bewiesen, dass der Begriff des Continuirlichen in der Zeit (ἐνδε-

---

[1]) Arist Eth. Nicom. X. 2. seqq. 3. med. τῆς ἡδονῆς δ' ἐν ὅτῳ οὖν χρόνῳ τέλειον τὸ εἶδος. Die feinere Unterscheidung zwischen dem ἐπιγινόμενον τέλος und der ἐνέργεια gehört nicht hierher. Ibid. 3. init. διόπερ οὐδέ κίνησίς ἐστιν· ἐν χρόνῳ γὰρ πᾶσα κίνησις — — ἐν δὲ τοῖς μέρεσι τοῦ χρόνου πᾶσαι ἀτελεῖς καὶ ἕτεραι τῷ εἴδει τῆς ὅλης καὶ ἀλλήλων. Ibid. 4. τελειοῖ τὴν ἐνέργειαν ἡ ἡδονή.

λεχές) für Aristoteles Anschauung das nächste und zutreffendste Bild wurde, um die Wirklichkeit des zeitlosen Wesens (ἐντελέχεια) zu bezeichnen. Nimmt man dann die obige Stelle hinzu, wornach das ohne Absatz und Ende fortwährende Werden dem Wesen am Nächsten kommen soll[1]), und erlaubt man sich ferner die wahrscheinliche Hypothese, dass Aristoteles die Entelechie von τέλος abgeleitet und desshalb mit τελειότης zusammengebracht habe, während ihm zugleich der Sprachgebrauch die Bedeutung des endlosen Fortdauerns zuführte, so liegt nichts näher, als alle diese Begriffe zusammenzubringen: das Ewige und das unendliche Fortdauern und das Vollendete und das Wesen. Und wie sollte das nicht das Richtige sein, was zugleich überall Einklang und Bestätigung hervorruft; denn nun ist Cicero's Bemerkung gerechtfertigt, dass der neue Name Entelechie eine Metapher sei und eigentlich die fortwährende und ewige Bewegung bedeute (sic ipsum animum ἐντελέχειαν appellat novo nomine, quasi quandam continuatam motionem et perennem). Und so ist doch zugleich Trendelenburg's und der früheren Commentatoren Erklärung bestätigt, dass mit Entelechie die Erreichung des Zwecks und der Vollendung bezeichnet werden soll. Besonders anziehend ist mir dabei auch dies, dass nun das Wort Entelechie durch metaphorisches Gleichniss auch sofort die Frage beantwortet, wann etwas im Zustande des Werdens und wann in der Entelechie ist. Denn was im Werden ist, ist nicht continuirlich, sondern erstens in den verschiedenen Zeitabschnitten der Art nach verschieden und zweitens hat jedes Werden ein Ende. Die Endelechie oder Entelechie also hebt diese beiden Bestimmungen auf und bildet so das schärfste Kriterium der vollendeten

---

[1]) Vergl. oben S. 102.

Wirklichkeit, die in fortdauernder Zeit keine Wesensunterschiede erhält und in sich nicht Anfang oder Mitte ist und das Ende sucht, sondern selbst Anfang und Mitte und Ende ist. So erklärt der gewählte Name gleich die zu bezeichnende Sache und zwar durch die zunächstliegende (ἐγγύτατα) Metapher.

Resultat.

Für mich ist nun hierdurch der alte Streit geschieden; denn hiernach wird der Begriff der Entelechie nicht missverständlich als eine Bewegung aufgefasst, sondern behält die allgemein anerkannte Bedeutung; zugleich kommt Cicero wieder zu Ehren und mit ihm wird die Entelechie als eine einleuchtende Metapher verstanden; endlich behält die Sprachwissenschaft Recht, die sich ein solches Wortmonstrum wie Entelechie von ἐν, τέλος und ἔχω nur ungern gefallen lassen würde, obgleich sie es natürlich den Alten gestatten muss, nach ihrer Gewohnheit die missverstandene Etymologie zu weiterem begrifflichen Ausbau zu gebrauchen.

Die Entelechie ist ein philosophischer terminus, den Aristoteles durch metaphorischen Gebrauch des bekannten alten Wortes Endelechie gebildet hat.

Sprachwissenschaftliche Seite.

Um nun noch einmal auf die sprachliche Form ganz abgesehen von der Bedeutung zurückzukommen, so meint Trendelenburg, es sei allerdings ein Zeugniss für die Confusion von Endelechie und Entelechie, die er beseitigen will, vorhanden, dieses liesse sich aber wohl noch entkräften; ein zweites Zeugniss spräche aber offen für die Trennung beider Wörter. Ich glaube, beide Zeugnisse werden genau betrachtet unsere obige Vermuthung bestätigen.

1. Zeugniss des Corinthiers Gregor.

Trendelenburg sagt darüber:[1]) Gregorius quidem Corinthius de Attica dialecto agens proprium fuisse Atticorum ait ἐνδελέχειαν ἐντελέχειαν vocare his verbis: τάς μυρρίνας μυρσίνας λέγουσι (de Atticis loquitur), καὶ τὸ συρίζειν συρίττειν, καί τὴν ἐνδελέχειαν ἐντελέχειαν. Wenn dies Thatsache ist, so wäre damit die Frage so gut wie entschieden und es bliebe nur die weitere Frage übrig, ob dementsprechend nicht auch für ἐνδελεχής ἐντελεχής gelesen werden müsste, was ja sowohl in Platonischen als Aristotelischen Handschriften vorkommt, während Ast und Bonitz dafür ἐνδελεχής aus andern Handschriften als das richtigere conjecturieren. — Wenn Trendelenburg aber dies Zeugniss entkräften will, indem er sagt: Quibus verbis ne hoc quidem probatur, Aristotelicam significari ἐντελέχειαν, so können wir ruhig daran vorübergehen; denn wir wollen ja dem richtigen Aristotelischen Begriff der Entelechie nichts abbrechen, sondern es handelt sich bloss um die Etymologie, welche wie wir sahen durchaus bestehen kann, auch bei der Neubildung eines philosophischen terminus.

2. Lucian's Zeugniss.

Aus einem zweiten Zeugniss glaubt Trendelenburg aber lesen zu dürfen, dass schon die Alten angefangen hätten, beide Wörter deutlich auseinander zu halten. Er sagt: „Lucianus vero in judicio vocalium c. 10. p. 95 Hemsterh. aperte, etsi jocose: ἀκούετε, φωνίεντα δικασταί

---

[1]) Trend. de anima p. 319.

τοῦ μὲν δ λέγοντος, ἀφείλετό μου τὴν ἐνδελέχειαν, ἐντελέχειαν ἀξιοῦν λέγεσθαι παρὰ πάντας τοὺς νόμους. Quae indicio esse videntur, jam provisum esse, ut vocabulorum confusio tolleretur." Diese Auffassung Trendelenburg's ist nur begreiflich, wenn man von dem Vorurtheil ausgeht, dass die sprachliche Zurückführung der Entelechie auf das Wort Endelechie uns auch nöthigen müsste, nun den ursprünglichen Sinn des letzteren auch in dem ersteren aufzunehmen, als wenn wir genöthigt wären, wenn Tochter bei den Linguisten auf die ursprüngliche Bedeutung von Melkerin zurückgeführt wird, nun auch in allen Zeiten unter Tochter immer nur eine Melkerin zu verstehen. Wie es scheint, hat Trendelenburg sich ausserdem durch die Worte παρὰ πάντας τοὺς νόμους irre führen lassen, als wenn Lucian etwa damit die Entelechie als etwas ganz anderes hätte von der Endelechie rechtmässig trennen wollen. Sieht man näher zu, so lässt sich die Sache ganz anders an. Lucian bewegt sich in zügellosen Spässen. Er sagt: „Sehen wir doch, wie dieses T von Natur gewaltthätig auch gegen die übrigen Buchstaben ist. Weil es aber auch seine Hände nicht von den andern liess, sondern auch das δ und das ϑ und das ζ und beinahe alle Buchstaben in ihrem Rechte kränkte, so rufe mir die gekränkten Buchstaben selbst zusammen." Nun kommt die oben von Trendelenburg citirte Stelle und Lucian fährt dann fort, auch die andern Kränkungen anzuführen, dass sich das τ den Platz von ζ genommen habe in den Wörtern συρίζειν und σαλπίζειν und γρύζειν u. s. w." „Welche Strafe wird genügen für dieses verruchteste T?" Auch die Zunge hätte es weggenommen, da es aus γλῶσσα γλῶττα mache, und er apostrophirt es sofort: „o T du wahrhaftige Krankheit der Zunge." So beweist er denn schliesslich, dass nach der Aehnlichkeit des T die Tyrannen auch das Holz zur Kreuzigung geformt hätten und das T selbst gekreuzigt zu werden verdiente. — Schwerlich kann man in diesen Spässen eine Berücksichtigung der Sprachgesetze finden, wodurch die Confusion der Wörter aufgehoben würde; sondern vielmehr dient uns auch dies Zeugniss des Lucian anzunehmen, dass bei den Alten **Endelechie und Entelechie für dasselbe nur durch die Aussprache veränderte Wort gegolten habe.**

3. Urtheil von Professor Leo Meyer.

Die Zeugnisse der Alten haben aber für unsre heutige Sprachwissenschaft wenig Werth; desshalb freue ich mich, hier noch das Urtheil eines ausgezeichneten Linguisten mittheilen zu können, das er auf meinen Wunsch schriftlich abfasste. Professor Leo Meyer, dem ich diese kleine Untersuchung zustellte, erkennt darin an: 1) die Identificirung von ἐνδελέχεια und ἐντελέχεια; 2) die Vermuthung, dass das τ durch falsche Etymologie entstanden sei. Dagegen verwirft er die von mir noch offen gelassene Annahme einer bloss dialektischen Verschiedenheit, die ich ohne eine sprachwissenschaftliche Autorität zu hören, nicht gewagt hatte auszuschliessen, theils aus Rücksicht auf die beiden obigen Zeugnisse aus dem Alterthum, theils wegen der noch heute auch im Deutschen häufigen Verwechslung beider Dentalen. Die Beweisführung geht bei Leo Meyer natürlich auf der sprachwissenschaftlichen Strasse und bildet desshalb die erwünschteste Ergänzung für meine philosophische und psychologische Erörterung. Hier folgt der ganze Wortlaut seiner Mittheilung, deren Gebrauch er mir freundschaftlich überlassen hat.

Ἐνδελέχεια „Fortdauer, Ununterbrochenheit" (aus ἐνδελεχσ-ια, σ fiel aus) nebst ἐνδελεχεῖν, „fortdauern, anhalten", ἐνδελεχίζειν „ununterbrochen fortsetzen" (bei den Siebzig), und dem Adverb ἐνδελεχῶς „fortdauernd, ununterbrochen" führen sämmtlich zurück auf das Adjectiv ἐνδελεχές- „anhaltend, fortdauernd, ununterbrochen." Was dies Adjectiv anbetrifft, so giebt Curtius in seinen Grundzügen (S. 181³) darüber **nichts Eigenes**, wenn er es mit δολιχός „lang" zusammenstellt. Es ist hinzuweisen auf Benfey (den Curtius gerade **nicht** anführt), der in seinem griechischen Wurzellexikon (Band I, 1839, Seite 98) das Nähere ausführt. Aus ἐνδελεχές- ist ein neutrales δέλεχος, „Länge" zu entnehmen, wornach es zunächst etwas bezeichnet „in dem oder an dem Länge vorhanden ist", oder, wie Benfey sagt, „Länge, Fortdauer in sich habend", (δολιχό = altind. dîrghá = lat. longo (aus dlongo) = deutsch lang (aus dlang) = russisch dolgo adv. „lange Zeit").

Zusammengesetzte Adjective auf ες sind im Griechischen sehr zahlreich und enthalten als Schlusstheile so gut wie immer Neutra auf ος, die oft selbst ausgestorben sind. Einige Beispiele, in dem auch ἐν das erste Glied ist: ἐντελές-, vollendet, vollkommen, eigentlich τέλος (Ende, Vollendung) in sich habend; ἐμπαθές-, leidenschaftlich, Leidenschaft (πάθος) in sich habend; ἐγκρατές-, kräftig, enthaltsam, Kraft oder Gewalt (κράτος) in sich habend; ἐμβριθές- ‚gewichtig, würdevoll, βρῖθος (Gewicht) in sich habend.' Aehnlich ἐνδεές- „ermangelnd, mangelhaft" von δέος „Mangel", ἐμφανές- „sichtbar" von φάνος „das Leuchten", ἐμπρεπές- ‚hervorglänzend, ausgezeichnet" von πρέπος „Hervorragung, Vorzüglichkeit", und anderes.

Nun ἐντελέχεια? Das müsste auf ἐντελεχές zurückführen, aber das ist nicht mit Sicherheit nachzuweisen, noch weniger ein weiter zu folgerndes τέλεχος. Bei dem späten Auftauchen des Wortes (erst bei Aristoteles) und daneben seiner Länge ist nun aber sehr auffallend, dass sich keinerlei naher etymologischer Zusammenhang bieten will. So kann man **gar nicht vermei-**

den, dabei an ἐνδελέχεια zu denken, das sich nur durch einen einzigen und noch dazu verwandten Laut unterscheidet. An bloss dialektische Verschiedenheit aber ist nicht wohl zu denken: denn da müsste die Geschichte beider Formen doch auf dasselbe zurückkommen, also ἐντελ- auf ἐνδελ- oder umgekehrt; dass ἐνδελέχεια zu ἐντελέχεια wurde, ist nicht zu denken, da der Grieche kein δ zu τ verhärtet; Erweichung aber eines alten τ zu δ ist nicht glaublich, weil das δ durch δολιχός (schon bei Homer) als sehr alt erwiesen wird. Neben dieser lautlichen Schwierigkeit bezüglich etwaiger Identificirung jener beiden Wörter erregt auch Bedenken die unleugbar verschiedene Bedeutung. Es ist schwerlich zu glauben, dass nur dialektisch verschiedene Wörter — und beide gehören doch auch dem weiteren Gebiete des Attischen an — sollten so verschieden gebraucht sein. Lässt sich nun aber die Bedeutung beider in wirklich aristotelischer Anschauung leicht vereinigen, so drängt sich die Vermuthung auf, dass Aristoteles die Wortform auch sich willkührlich zurecht legte. (Wie die Theologen sich ein Sündfluth zurecht legten aus altem sintflut und ähnlich anderes). Da mag Aristoteles bei der Bedeutung „Wirklichkeit" für sein ἐντελέχεια in der That an τέλος „Ende, Vollendung", τέλειος (aus τέλεσ-ιος) „vollendet, vollständig", ἐντελής „vollendet, vollkommen" anzuknüpfen sich heraus genommen haben. Eine ganz selbstständige Herleitung, wie man sie früher aufgestellt, aus ἐντελές „vollendet, vollkommen" und ἔχω (wobei man νουνεχές „verständig" verglichen hat, das aber doch als ersten Theil ein wirkliches Substantiv enthält), ist durchaus unwahrscheinlich und mag sich in Bezug auf den Gebrauch von ἐντελές vielleicht auch aus dem Aristoteles selbst widerlegen lassen.

Dorpat, den 21. März 1872.

Es ist für die Sicherheit der Untersuchung von wesentlichem Einfluss, dass die philosophische Betrachtung und die sprachwissenschaftliche auf denselben Schluss hinauskommen. Τῷ μὲν ἀληθεῖ πάντα συνᾴδει τὰ πράγματα, τῷ δὲ ψευδεῖ ταχὺ διαφωνεῖ τἀληθές.

Weitere Belege für die Richtigkeit der neuen Erklärung.

1. Die Energie wird von Aristoteles auf die Entelechie zurückgeführt und beide sind aus der Vorstellung der Bewegung gezogen.

Zunächst ist es wichtig zu fragen, ob Aristoteles die synonym gebrauchten Ausdrücke, Energie und Entelechie, jeden selbständig erklärt oder einen auf den andern zurückführt. Schlechthin zu erklären d. h. zu definiren ist natürlich weder der eine, noch der andre, weil sie selbst letzter Ursprung aller Definition sind, als erste metaphysische Principien. Eine Erklärung kann desshalb nur eine Analogie, eine Vergleichung sein. Bei diesen Vergleichungen findet man nun, dass Aristoteles die Energie auf die Entelechie zurückführt d. h. die Vorstellung der Entelechie als die klarere voraussetzt, um auch die der Energie klar zu machen. So sagt er ausdrücklich: „Darum ist auch der Name Energie nach dem Werke benannt und bezieht sich auf die Entelechie."[1] Dies hätte keinen Sinn, wenn Aristoteles nicht

---

[1] Metaph. 1050 a. 22. διὸ καὶ τοὔνομα ἐνέργεια λέγεται κατὰ τὸ ἔργον καὶ συντείνει πρὸς τὴν ἐντελέχειαν.

die Bedeutung der Entelechie für verständlicher hielte, als die der Energie. Und zwar handelt es sich dabei nicht um die Etymologie; denn diese giebt Aristoteles für den Ausdruck Energie selbst an, da er ihn auf Werk (ἔργον) zurückführt, sondern es kann sich nur um die Bedeutung oder den Begriff handeln. Nun ist es eigen, dass die Vorstellung des Wirkens (ἐνέργεια) dem Aristoteles nicht so deutlich vorkommt als die der Entelechie. Und doch hat dies grade darin seinen guten Grund, dass die Vorstellung des Wirkens viel abstracter und allgemeiner ist als die der Entelechie, welche nur auf das **Bild der Bewegung** führt.

Auch dass beide Ausdrücke ursprünglich die Vorstellung der Bewegung enthalten, versichert Aristoteles selbst. „Es ist aber der Name der Energie, die auf die Entelechie bezogen ist, **und auf das Andre**, besonders **von den Bewegungen** hergekommen; denn die Energie scheint besonders die Bewegung zu sein."[1]) Hiernach ist kein Zweifel, dass erstens diejenige Anwendung der Energie, die in den Platz der Entelechie tritt, sich auf Bewegung bezieht; aber ebensowenig, dass auch die anderen Anwendungen (καὶ ἐπὶ τὰ ἄλλα), wo sich die Energie also nicht unmittelbar als Entelechie verdeutlichen lässt, auf Bewegungen zurückgehen. Bonitz hat den Worten καὶ ἐπὶ τὰ ἄλλα keine Beachtung geschenkt; gleichwohl verdienen sie Aufmerksamkeit; denn sie zeigen, dass **die Energie einen grösseren Umfang hat, als die Entelechie**. Diese anderen Beziehungen der Energie sind offenbar solche, wie z. B. das Wachen im Verhältniss zum Schlafen, oder das Sehen zu den geschlossenen Augen, oder wie die

---

[1]) Arist. Metaph. 1047. a. 30. ἐλήλυθε δ' ἡ ἐνέργεια τοὔνομα, ἡ πρὸς τὴν ἐντελέχειαν συντιθεμένη, καὶ ἐπὶ τὰ ἄλλα ἐκ τῶν κινήσεων μάλιστα. δοκεῖ γὰρ ἡ ἐνέργεια μάλιστα ἡ κίνησις εἶναι

ausgebildeten Formen der Natur zu der ungeformten Materie. Und es scheint mir darin der nämliche Unterschied zu liegen, wie wenn er die Anwendung der Energie eintheilt in Bewegung im Verhältniss zur Kraft und in Wesen (οὐσία) im Verhältniss zur Materie.[1])

Bei diesen Unterschieden handelt es sich aber, wohl zu merken, immer nur um den Sprachgebrauch und die Meinung (δοκεῖ), und nicht um den strengen Aristotelischen Lehrbegriff. Beides also, Sprachgebrauch und Meinung, führen auf die Vorstellung von Bewegungen, worin die Energie bestehen soll, und zwar so, dass zunächst die Entelechie diejenige Anschauung ist, auf welche die Energie zurückführt: diese letztere wird dann aber auch noch auf ein grösseres Vorstellungsgebiet ausgedehnt, worin aber für die Meinung ebenfalls eine Bewegung liegen soll. Wiefern die Bewegung die Grundanschauung für diese Begriffe ist, wird sich mit grösster Deutlichkeit im Folgenden zeigen.

2. Aristoteles unterscheidet zwei Arten von Bewegungen und zwei entsprechende Arten von Energie und Entelechie.

Ich glaube, dass man die Aristotelische Lehre von der Entelechie mit überraschender Klarheit verstehen kann, wenn man sieht, dass die Bewegung zwei Arten hat, von denen die eine die Entelechie im engeren Sinne ist, und dass die Entelechie ebenfalls zwei Arten hat, von denen die eine die Bewegung im engeren Sinne ist; kurz dass die Arten der Bewegung und Entelechie sich decken, und dass ebenso die Begriffe Bewegung und Entelechie, im erweiterten

---

[1]) Arist. Metaph. Θ. 6. 1048. b. 6. λέγεται δὲ ἐνεργείᾳ οὐ πάντα ὁμοίως τὰ μὲν γὰρ ὡς κίνησις πρὸς δύναμιν, τὰ δ' ὡς οὐσία πρός τινα ὕλην,

Sinne gefasst, sich decken, während sie im engeren Sinne genommen selbst die beiden Arten ausmachen. Die Betrachtung der Stellen hat dieses zur Evidenz zu bringen.

a. Die beiden Arten der Bewegung.

In der Metaphysik[1]) erklärt Aristoteles, dass die Bewegung den Zweck (τέλος) nicht in sich habe, sondern ihn zu erreichen strebe, und wenn sie an ihn als an ihre Gränze (πέρας) gekommen sei, aufhöre (παίεσθαι). Die Dinge also sind in Bewegung (ἐν κινήσει) wenn das, wesswegen die Bewegung ist, nicht vorhanden ist. Und darum spricht Aristoteles den apodiktischen Satz aus: jede Bewegung ist unvollständig oder unvollkommen (ἀτελής), z. B. das trockenwerden, lernen, gehen, bauen; denn sie hört auf, wenn das Ding trocken geworden ist, und man die Wissenschaft gewonnen, wenn man angekommen und das Haus fertig ist.

Nichts desto weniger sieht sich Aristoteles durch die Wirklichkeit der Dinge sofort gezwungen, eine Bewegung anzuerkennen, welche grade diese Eigenschaften besitzt, welche er der Bewegung eben abgesprochen hat, nämlich eine Bewegung, die keine Gränze hat, sondern continuirlich ohne Absatz und Ende fortdauert, ich meine die Bewegung des Fixsternhimmels. Er sagt desshalb: „darum ist in ewiger lebendiger Thätigkeit (ἀεὶ ἐνεργεῖ) die Sonne und die Sterne und der ganze Himmel und es ist nicht zu befürchten, dass er mal stehen bleiben könnte, wie einige Physiker fürchten. Und er fühlt auch keine Ermüdung bei diesem Thun; denn die Bewegung kommt ihm nicht zu, wie den vergänglichen Dingen,

---

[1]) Metaph. Θ 6. 1048. b. 18 seqq. αὐτὰ δὲ ὅταν ἰσχναίνῃ οὕτως ἐστὶν ἐν κινήσει, μὴ ὑπάρχοντα ὧν ἕνεκα ἡ κίνησις — — πᾶσα γὰρ κίνησις ἀτελής.

welche sowohl sich bewegen als ruhen können, so dass dadurch die Fortdauer der Bewegung ohne Absatz mühsam wäre."[1])

Hierdurch gezwungen muss Aristoteles nun seinen Begriff der Bewegung erweitern und in diesem erweiterten Begriffe zwei Arten unterscheiden. Der Eintheitheilungsgrund ist folgender. Wenn durch die Bewegung selbst etwas anderes bewirkt werden soll z. B. durch's Bauen das Haus, so findet eine Trennung zwischen Bewegendem und Bewegtem statt, und die Bewegung geschieht in dem Bewegten, z. B. das Bauen in dem Baumaterial, das Weben in dem Gewobenen. Wenn aber aus der Bewegung nichts anderes herauskommt oder dadurch bewirkt werden soll, so findet die Bewegung oder Thätigkeit in demjenigen selbst statt, dem sie zukommt, ohne dass eine solche Scheidung zwischen Bewegendem und Bewegtem besteht, vielmehr ist diese Bewegung oder Thätigkeit dann das Wesen (οὐσία) und die ideale Form (εἶδος). Diese zweite Bestimmung bildet daher die zweite Art der Bewegung und Aristoteles räumt sie den Gestirnen ein, die zwar Materie haben, aber deren Bewegung nothwendig und ewig sei und nicht von Aussen durch eine Bewegungsursache entstehe, sondern in ihnen selbst und an sich selbst stattfinde, wie diese selbige rastlose Bewegung der unvergänglichen Sterne denn ja auch von den veränderlichen Dingen nachgeahmt werde z. B. von Erde und Feuer, die auch in ewiger Thätig-

---

[1]) Metaph. 1050. b. 22. διὸ ἀεὶ ἐνεργεῖ ἥλιος καὶ ἄστρα καὶ ὅλος ὁ οὐρανὸς καὶ οὐ φοβερὸν μή ποτε στῇ, ὃ φοβοῦνται οἱ περὶ φύσεως. οὐδὲ κάμνει τοῦτο δρῶντα· οὐ γὰρ περὶ τὴν δύναμιν τῆς ἀντιφάσεως αὐτοῖς οἷον τοῖς φθαρτοῖς ἡ κίνησις, ὥστε ἐπίπονον εἶναι τὴν συνέχειαν τῆς κινήσεως.

keit sind, weil die Bewegung in ihnen selbst und an sich selbst stattfindet.[1])

Aristoteles unterscheidet also zwei Arten von Bewegungen, die eine die begränzte und unvollkommene (ἀτελής), die andere die ewige und rastlos continuirliche, welcher daher das hier zwar nicht gebrauchte Attribut ἐνδελεχής zukommt d. h. nach Aristotelischer Etymologie, welche den Zweck (τέλος) in sich hat; er sagt aber von derselben, συντείνει πρὸς ἐντελέχειαν (1050. a. 23), so dass auch das Wort nicht fehlt. Es giebt also eine unvollkommene und eine vollkommene Bewegung, letztere ist die rastlos continuirliche. Obgleich dieser letzteren Aristoteles gewöhnlich im Gegensatze zur unvollkommenen Bewegung den Ausdruck Handlung (πρᾶξις) oder Thätigkeit (ἐνέργεια) oder Entelechie giebt, so ist grade die Thatsache, dass er die rastlos continuirliche Bewegung der Sterne dazu rechnet, welche er sonst durch ἐνδελεχῶς bezeichnet und die Hinweisung, dass Thätigkeit (ἐνέργεια) auf die Entelechie sich beziehe, Zeichen genug, dass ihm die Begriffe des ἐνδελεχής und Entelechie[2]) zusammenfallen, und zugleich wird der Grund klar, wesshalb er die zweite Art Bewegung Entelechie nennt.

b. Die beiden Arten der Entelechie und Energie.

Wir müssen nun die Probe des Exempels machen; denn die Richtigkeit des Facit wird dann einleuchten, wenn auch umgekehrt eine Eintheilung der Entelechie

---

[1]) Metaphys. 1050. a. 30 seqq. ὅσων μὲν οὖν ἕτερόν τί ἐστι παρὰ τὴν χρῆσιν τὸ γιγνόμενον τούτων μὲν ἡ ἐνέργεια ἐν τῷ ποιουμένῳ ἐστίν (a. l. ἐν τῷ κινουμένῳ). — ὅσων δὲ μή ἐστιν ἄλλο τι ἔργον παρὰ τὴν ἐνέργειαν ἐν αὐτοῖς ὑπάρχει ἡ ἐνέργεια. — 1050. b. 28. μιμεῖται δὲ τὰ ἄφθαρτα καὶ τὰ ἐν μεταβολῇ ὄντα οἷον γῆ καὶ πῦρ. καὶ γὰρ ταῦτα ἀεὶ ἐνεργεῖ· καθ᾽ αὑτὰ γὰρ καὶ ἐν αὐτοῖς ἔχει τὴν κίνησιν.

[2]) Denn das entsprechende ἐντελεχής kommt eben nicht vor.

und Energie stattfindet, die den Kreis der eigentlichen Bewegung mit umfasst. Allein hierbei findet nun keine Schwierigkeit weiter statt; denn ich kann mich hierbei auf Bonitz, Zeller u. A. beziehen, die schon zur Genüge gezeigt haben, dass Aristoteles die Bewegung als **unvollständige** oder **unvollkommene** (ἀτελής) Entelechie oder Energie bestimmt hat. Es giebt also zwei Arten der Entelechie oder Energie, erstens die eigentliche, in welcher das Wesen und die ideale Form besteht[1]), und für diese führt Aristoteles als Kennzeichen an, dass sie **eine Thätigkeit sei, welche ohne Gränzen fortdauere ohne aufzuhören**, wie man sage: er lebt und hat gelebt, ist glückselig gewesen und ist glücklich. Das Kennzeichen ist also zweifellos das ἐνδελεχῶς d.h. **eine ohne Aufhören fortdauernde Bewegung** im Gegensatz zum Trocknen, welches, wenn' der Gegenstand trocken geworden ist, aufhören muss, oder zum Gehen, welches aufhört bei der Ankunft.[2]) — Jetzt, da ich diesen Zusammenhang der Begriffe sehe, kommt es mir wunderbar vor, dass ich oder ein Anderer nicht schon viel früher diese so einfache und doch so sehr aufklärende Bemerkung gemacht hat. Also wiederholen wir noch einmal: **das Kennzeichen für die Entelechie ist das** ἐνδελεχῶς **der Thätigkeit.**

Diese erste Art oder die im eigentlichen Sinne sogenannte Entelechie ist daher selbst Zweck (τέλος) und

---

[1]) Metaph. 1050. b. 2. ὥστε φανερὸν ὅτι ἡ οὐσία καὶ τὸ εἶδος ἐνέργειά ἐστιν. — Dem Stobaeus scheint auch der Ausdruck ἐντελέχεια als Metapher oder sonst unverständlich und er sagt desshalb (Gaisford [796] lib. I. 40. 8.) τὴν δὲ ἐντελέχειαν ἀκουστέον ἀντὶ τοῦ εἴδους καὶ τῆς ἐνεργείας.

[2]) Als Gegensatz gegen die πράξεις ὧν ἐστι πέρας Metaph. 1048. b. 18 und 25. εὖ ζῇ καὶ εὖ ἔζηκεν ἀλλὰ καὶ εὐδαιμονεῖ καὶ εὐδαιμόνηκεν. εἰ δὲ μή, ἔδει ἄν ποτε παύεσθαι, ὥσπερ ὅταν ἰσχναίνῃ, νῦν δὲ οὔ, ἀλλὰ ζῇ καὶ ἔζηκεν.

braucht ihn nicht zu suchen, nicht als ihre Gränze zu erreichen.¹) Sie ist Handlung ($\pi\varrho\tilde{\alpha}\xi\iota\varsigma$) im strengen Sinne oder wenigstens vollkommene Handlung ($\pi\varrho\tilde{\alpha}\xi\iota\varsigma\ \tau\varepsilon\lambda\varepsilon\acute{\iota}\alpha$). Ihr zur Seite tritt die Bewegung als unvollkommene Entelechie, was der Aristotelischen Terminologie gegenüber gewissermassen ein Widerspruch ist. Uns ist dabei allein dies wichtig, dass die Entelechie in eine eigentliche und in eine unvollkommene ($\dot{\alpha}\tau\varepsilon\lambda\acute{\eta}\varsigma$) getheilt wird und dass die letztere die Bewegung ist. Beide Arten werden also durch Bewegungen erklärt, und die Entelechie umfasst daher das ganze Gebiet der Bewegung, und die ohne Gränzen fortdauernde ($\dot{\varepsilon}\nu\delta\varepsilon\lambda\varepsilon\chi\acute{\eta}\varsigma$) Bewegung wird dann auch über die wirklich räumliche Bewegung hinaus in die ideale Form und das vollendete Wesen hinein gedeutet.

3. Die Seele als erste Entelechie.

Es könnte hingegen als Widerspruch erscheinen, dass Aristoteles die Seele als erste Entelechie bestimmt, und sie dadurch scheinbar in den blossen habitus gleichsam als eine Potenz setzt. Diese falsche Auffassung hat darin ihre Veranlassung, weil er diese erste Entelechie vergleicht mit der Wissenschaft im Verhältniss zum Forschen als ihrer Wirkung, oder mit dem Schlafe im Verhältniss zum Wachen. Allein man darf nicht vergessen, dass Aristoteles der Seele keine Ruhe gönnt; sie ist immer thätig, so lange sie überhaupt da ist; und wo keine Bewegung stattfindet, da ist auch der Körper nicht mehr lebendig oder beseelt, sondern wie die Leiche, oder wie der gemalte Körper nur metaphorisch noch Thier oder Mensch genannt werden darf. Darum sagt

---

¹) Vergl. meine Aristot. Forsch. II. Aristot. Philos. d. Kunst S. 42. Aristot. Metaph. 1048. b. 18 seqq.

Aristoteles ausdrücklich, dass das Beseelte vom Unbeseelten durch das „Leben" (ζῆν) sich unterscheidet; „wir sagen aber, es lebe etwas, wenn auch nur Eins vorhanden ist, nämlich etwa Denken oder Wahrnehmung, oder örtliches Bewegen oder die Bewegung des Ernährungsvorgangs und Wachsen oder Abnahme."[1]) Es ist also schlechterdings unmöglich, die Seele wie eine Potenz zur Ruhe zu setzen, die auf einen Actus erst warten müsste, sondern sie ist selbst immer Actus; aber da dieser Actus einen Reichthum aufeinanderfolgender Bestimmungen hat, so ist schon der erste Actus genügend, Seele zu heissen; denn vielleicht kann es wie bei den Pflanzen bei diesem ersten Actus bleiben, und der Mensch kann lebendig sein, ohne immer zu denken und zu forschen, und das Thier kann beseelt sein, ohne immer zu wachen; aber auch im Schlaf muss die organische Ernährungsthätigkeit fortdauern, so dass die Seele doch immer die ohne Absatz fortdauernde Bewegung oder Wirklichkeit des Leibes ist.

4. Die Erhebung der Aristotelischen Entelechie über die Bewegung.

Wenn wir nun zur Genüge die Aristotelische Vorstellungsweise, den Sitz und Ursprung seiner Terminologie und gleichsam wie in seinem Atelier die Modelle betrachtet haben, nach denen er seine Bilder schuf: so bleibt uns noch übrig, einen kurzen Blick auf die Stelle in seiner Psychologie zu werfen, an der er die sinnliche Auffassung der Entelechie als endloser räumlicher Kreisbewegung entschieden von sich weist, wodurch also das quasi des Cicero in seiner Erklärung quasi quandam continuatam motionem et perennem noch ein-

---

[1]) Aristot. de anima II. 2. 2.

mal beleuchtet wird. Aristoteles bezieht sich auf den Timaeus, womit nach Trendelenburg des Plato Timaeus gemeint ist, und verwirft dessen Erklärung der Weltseele, die nach Aristoteles die Vernunft (νοῦς) ist. Nach dem Timaeus[1]) soll diese Weltseele sich nach der Art des Himmels bewegen also in der endlosen Bewegung im selben Raume und im Kreise continuirlich ohne Anfang und Ende. Aristoteles bekämpft diese Auffassung, indem er zwar auch das Denken eine Bewegung (κίνησις)[2]) der Denkkraft oder Vernunft nennt, und zwar auch die Continuität (συνεχής) ihr zuschreibt; soweit sehen wir das Bild (quasi des Cicero) gewahrt; aber er läugnet ihre räumliche Ausdehnung (μέγεθος) und damit das Recht, von einer Kreisbewegung im eigentlichen Sinne zu sprechen, und verhöhnt die Abenteuerlichkeit einer solchen Umdrehung durch ihre Consequenzen; ebenso leugnet er die räumliche Continuität, und setzt dafür die Continuität der Zahl oder schlechthin die Continuität der untheilbaren Einheit. Die ganze Betrachtung führt schliesslich im zweiten Buche auf den Begriff der Aristotelischen Entelechie, welche eben diese Eierschalen der Vorstellung abgestreift hat und sich als die Thätigkeit erweist, welche selbst Zweck und Wesen und Form ist.

---

[1]) Aristot. de an. I. 3. 11 seqq.
[2]) Ibid. τοῦ μὲν γὰρ κίνησις νόησις.

Der Begriff des ewigen Lebens im Neuen Testament.

Offenbarung und Wissenschaft.

Alles was in der Erinnerung der Menschen als Offenbarung aufgetreten ist, hat zwar ein neues Wissen, eine · Enthüllung früher verborgen gewesener Wahrheit dargeboten; das Wesentliche aber der Offenbarung in den Religionen aller Völker von der Zauberei der Fetische an bis durch alle die reineren Formen der Religion hindurch ist zuerst und vor Allem die **Enthüllung neuer und höherer Lebenskräfte**. So ist auch die christliche Religion die Erscheinung einer solchen bisher ungekannten höheren Lebenskraft, die nicht nur in dem Begründer der Religion allein wirkte, sondern von ihm aus sich auch mittheilte und der gemeinsame Besitz der Gemeinde und der ganzen Kirche wurde. Eine neue Kraft kann aber nicht erscheinen, ohne zugleich über sich eine Kunde oder eine Erklärung dem Träger derselben zu vermitteln, da die Menschheit ihre Kräfte zwar im Anfang dunkel und instinktmässig besitzt, durch das Wirken derselben aber bald zu einem Bewusstsein und Wissen darüber gelangt. Die neue Religion muss daher mit den neuen Lebenskräften auch ein neues Wissen in die Welt bringen. Wenn man nun aber glaubte, das dies Wissen eine Wissenschaft in Begriffen sei, so würde man sich sehr täuschen; denn Begriffe kommen immer mühsam hinterher gezogen, wenn die Kräfte mit ihrem unmittelbaren Bewusstsein schon lange in Wirksamkeit stehen. Darum wird man finden, dass die Religionen nirgends mit einer begrifflichen Erkenntniss auftreten, sondern dass sie ihre neuen Lebenskräfte immer nur mit der unmittelbaren Erkenntnissform der **Metapher** einführen. Die Kunde einer neuen Offenbarung muss immer und überall in metaphorischer Sprache erfolgen. Da nun aber allmählig die Natur der neuen Kraft durch ihre reicher ausgebreitete Wirksamkeit immer deutlicher erkannt wird, und da auch das Neue und Höhere doch nie ohne Vorbereitung in der früheren Entwicklung erscheinen konnte, so ist es natürlich und nothwendig, dass die allmählige wissenschaftliche Verarbeitung der neuen Thatsache an die frühere Wissenschaft anknüpfen und ihre Sprache und Ausdrucksweise benutzen wird.

Dieses allgemeine Gesetz geschichtlicher Culturentwicklung, dessen psychologische Nothwendigkeit so klar vor Augen liegt, will ich an einem Beispiel verdeutlichen. Wir sahen, wie die Parusie durch Aristoteles zu einer tieferen Auffassung in dem Begriffe der Entelechie kam; die Entelechie aber ist auf's Engste verknüpft mit einem der wichtigsten Begriffe der christlichen Offenbarung, nämlich mit dem des ewigen Lebens. Ich will versuchen zu zeigen, wie auch dieser Begriff, zuerst bloss **metaphorisch** erkannt, dann aber mit Hülfe der früheren Philosophie von den Theologen **begrifflich** erklärt worden ist.

1. Die Lehre des Neuen Testaments.
Das Evangelium des Lebens und seine Metaphern.

Der Mittelpunkt des Evangeliums ist offenbar der Begriff des Lebens. Der Tod war durch die Sünde in die Welt gekommen und die Lebenden hatten zwar eine zeitliche Dauer, aber ihr ganzes Treiben war sterblich und dem Tode geweiht, bis die Quelle des Lebens selbst erschien und den Tod aufhob; denn Jesus war selbst das Leben, und die ihn aufnahmen, erhielten das Leben; auch wenn sie schon gestorben waren, wurden sie wiedererweckt; die ihn aber nicht aufnahmen, waren todt, auch wenn sie zu leben schienen und mochten als Todte ihre Todten begraben. Um das Leben zu erhalten, musste man von Neuem geboren werden und konnte dann nicht mehr sterben in Ewigkeit; denn auch dem zeitlichen Tod folgte die Auferstehung. Die frohe Botschaft von diesem Leben und seiner Seligkeit und Freiheit und Wahrheit, andererseits von dem Abthun des Todes und seiner Gesellschaft, der Sünde, der Traurigkeit und des ungestillten Hungers nach den Scheingütern — das war die Kraft der neuen Religion, die als Botschaft des Lebens und der Erfüllung aller Hoffnungen, als Verkündigung der Parusie der Wahrheit die Herzen der Menschen tröstete und erquickte.

Die Metaphern dieser herrlichen neuen Lehre haben nun einerseits die anschauliche Klarheit des metaphorischen Tropus, andererseits aber müssen sie nothwendiger Weise denen unverständlich bleiben, die von der neuen Kraft noch keine Erfahrung gewinnen konnten, wie sie endlich auch weit entfernt von einer begrifflichen Erklärung sind. Als Christus mit der Samariterin spricht, antwortet sie: „Herr, hast Du doch nichts, damit Du schöpfest und der Brunnen ist tief; woher hast Du denn lebendig Wasser?" Die Unterscheidung beider Arten des Wassers bleibt aber ebenfalls in der Metapher; denn nach dem Genuss des einen wird man wieder dürsten; nach dem des anderen aber ewiglich nicht, sondern dies wird in dem Trinkenden eine Quelle werden, die in das ewige Leben quillet.[1]) Eine Distinction, die nur für den schon Verstehenden deutlich ist.

Nach einer anderen Metapher[2]) hat Mose nicht Brot

---

[1]) Joh. Evang. 4, 10—15. τὴν δωρεὰν τοῦ θεοῦ — ὕδωρ ζῶν — οὐ μὴ διψῇς εἰς τὸν αἰῶνα — πηγὴ ὕδατος ἁλλομένου εἰς ζωὴν αἰώνιον.

[2]) Joh. Evang. 6, 32 ff. τὸν ἄρτον τὸν ἀληθινόν — — ὁ ἄρτος τῆς ζωῆς — ὁ θεωρῶν τὸν υἱὸν καὶ πιστεύων εἰς αὐτὸν ἔχῃ ζωὴν αἰώνιον. —

vom Himmel gegeben, sondern erschien nun erst vom Himmel das wahrhaftige Brot des Lebens, welches der Welt das Leben giebt. Diese Metaphern erregen bei den Juden grosses Aergerniss, weil sie ja des so Redenden Vater und Mutter zu kennen glauben. Und als er behauptete, wer nicht das Fleisch des Menschensohnes essen und sein Blut trinken würde, der habe kein Leben in sich, wer es aber thäte, der habe das ewige Leben und werde am jüngsten Tage auferwecket: da sollen selbst die Jünger über diese harte Rede gemurrt haben, so dass sie daran gemahnt werden mussten, dass man die verborgene Bedeutung dieser Metaphern verstehen müsse, weil nur der Geist lebendig mache, das Fleisch aber zu nichts brauchbar sei und diese Worte Geist und Leben bedeuteten.[1]

Jeder wird sich an die vielen andern schönen Gleichnisse erinnern, mit denen das ewige Leben oder das Königreich Gottes oder der Himmel in den Evangelien geschildert wird; auch die Wiedergeburt, die dem Nicodemus so anstössig war, gehört dahin mit dem nachher zu erläuternden Satz, dass Niemand gen Himmel fährt, als wer vom Himmel hernieder kommen ist, nämlich des Menschen Sohn, der im Himmel ist.[2]

Antithetische Auslegung des ewigen Lebens.

Was ist nun mit diesem ewigen Leben gemeint? Die nächste und auf der Hand liegende Antwort ist, es sei Christus selbst, die Person selbst, welche erschienen ist, und welche sich als das Leben an alle christlich Lebendigen mittheilt. Allein diese Antwort würde uns

---

[1] Joh. Evang. 6, 63. τὸ πνεῦμά ἐστιν τὸ ζωοποιοῦν, ἡ σάρξ οὐκ ὠφελεῖ οὐδέν· τὰ ῥήματα ἃ ἐγὼ λελάληκα ὑμῖν πνεῦμά ἐστιν καὶ ζωή ἐστιν. — — ῥήματα ζωῆς αἰωνίου.

[2] Joh. Evang. 3, 13. Vergl. unten S. 140. Plato.

mitten in der Metapher lassen; denn eine Person ist immer individuell; was aber viele Personen erfüllen und beleben kann, muss nothwendig eine allgemeine, unpersönliche Natur haben. Das Leben, welches vor der Weltschöpfung als das Wort bei Gott war und zugleich das Licht und Leben aller Menschen ist, kann nur ein allgemeines Princip sein.

Lassen wir also die metaphorische Bezeichnung bei Seite und suchen aus den gegebenen Stellen antithetisch festzustellen, was dieses Leben nicht ist. Wir werden zwei Antithesen überall antreffen, die den Begriff in bestimmte Gränzen zusammenziehen.

Zuerst wird das ewige Leben deutlich gegen das physische und gegen das menschlich-bürgerliche Leben in Antithese gestellt. Denn wenn jemand leben kann, ob er gleich sterbe, und wenn man erst geboren werden muss, obgleich man schon in Jahren ist: so wird darin klar ausgedrückt, dass das physische Leben dieses Leben nicht sei. Ebensowenig aber das menschliche, bürgerliche Treiben; denn von diesem werden die Betheiligten als von einer Beschäftigung der Todten zurückgerufen; man lebt nur, wenn man sein Fleisch und Blut isst, was seine Worte sind. Diese Worte des ewigen Lebens sind aber Geist und sollen nicht gegessen, sondern erkannt werden. Wie die Maria über die Martha erhoben wird, so das Erkennen über die menschlich-bürgerliche Lebens-Arbeit; denn wer Gott **erkennt** und an Christi Worte **glaubt**, hat das ewige Leben. — Durch diese erste Antithese sehen wir daher, dass das ewige Leben ein Schauen Gottes ist, ein Erkennen und Glauben, nicht zu gewinnen mit den Sinnen des Leibes oder mit tugendhaften Handlungen, sondern durch geistiges Wahrnehmen (intellectuelle Intuition), wodurch zugleich dann eigenthümliche neue Kräfte und Gefühle der Seligkeit entstehen.

Die zweite Antithese zeigt sich in dem merkwürdigen Gegensatz zur Zeit. Man findet in den Evangelien die gegenwärtige Zeit der Geschichte als „diesen Aeon" bezeichnet, d. h. dieses Weltalter, welchem ein Abschluss folgt und darauf der Anfang eines neuen Weltalters, d. h. mit der apostolischen Sprache: „der zukünftige Aeon."

Offenbar geschieht aber in dem zukünftigen Weltalter auch Mancherlei; es findet also auch in demselben eine Ordnung des Vorher, Jetzt und Nachher statt: das heisst, beide Weltalter haben das Wesen der Zeit in sich, sind zeitlich und geschichtlich. Wenn wir daher an unzähligen Stellen das zukünftige Leben auch als ewiges Leben bezeichnet finden, so kann das nur nach der Seite des Endes gemeint sein, weil jenes zukünftige Weltalter endlos sein soll; nicht aber nach der Seite des Anfangs, der vielmehr an das Ende der gegenwärtigen Zeit gesetzt wird. Der Ausdruck ewiges Leben ist also strenggenommen zu gut dafür, indem nicht mehr als endlose Lebenszeit gesagt werden soll.

Ausser dieser gewöhnlichen Bedeutung findet sich aber eine zweite, die in Wahrheit eine Aufhebung der Zeit ist und dem Begriff des Ewigen wirklich entspricht. Denn im Evangelium Johannes und bei Paulus wird das ewige Leben ohne allen Zweifel auch schon in der gegenwärtigen Zeit gewonnen. So ist z. B. Christus selbst das ewige Leben vor aller Zeit und in der Zeit, und wer die Erkenntniss von Gott und den Glauben an seinen Sohn gewinnt, hat das ewige Leben. Das ewige Leben ist darnach gar nichts Zeitliches, sondern ein allgemeines Princip, eine Wahrheit und Kraft, an welcher man beliebig in der Zeit jetzt oder später theilnehmen kann. Es ist die göttliche, ausser und über Zeit und Welt liegende Wesenheit selbst, die im Sohn Gottes geoffenbart, von den Gläubigen ebenfalls gewonnen wird und sie des Heils und der göttlichen Natur theilhaftig macht, und zwar so, dass sie dieses ewige Leben hier eine kurze Zeit geniessen, durch die Auferstehung aber die Hoffnung auf eine längere, ja eine endlose Zeit des Besitzes und Genusses erlangen.

Resultat dieser Betrachtung ist also: 1) das ewige Leben ist nichts Individuell-Persönliches, sondern ein allgemeines Princip; 2) es ist weder das physische, noch das sittlich-bürgerliche Leben, sondern besteht in einem Schauen Gottes durch intellectuale Intuition; 3) es ist keine zeitliche Bestimmung, sondern eine Bezeichnung des metaphysischen göttlichen Wesens, an welchem der menschliche Geist bei seiner höchsten Vollendung theilnehmen kann.

Vorläufige Vermuthung über den Ursprung dieses Begriffs.

Die neutestamentlichen Schriften sind zwar alle griechisch geschrieben: ein Theil von ihnen ist aber offenbar für solche Leser berechnet, welche eine vorherrschend jüdische Erziehung und Bildung genossen hatten, und bei denen die evangelische Botschaft natürlich besonders an den alttestamentlichen Gedankenkreis anknüpfen musste. Johannes aber und zum Theil auch Paulus bewegen sich deutlich auf dem heidnischen Schauplatze und nehmen daher eine Reihe von Begriffen auf, die in der griechischen Wissenschaft durch eine lange und zusammenhängende Gedankenarbeit ausgebildet waren. Man wird natürlich auch bei diesen Begriffen in den tiefsinnigen und begeisterten Schritten der Propheten analoge Aeusserungen finden; doch muss eine unbefangene Auffassung sofort erkennen, dass die gottgeweihte Kraft jener prophetischen Männer nie über die metaphorische Sprache hinausging, während der Begriff erst da in Wahrheit zu Hause ist, wo er in eigentlichem Sinne definirt, distinguirt, dividirt und systematisch locirt wird. Wenn daher die Kirchenväter im Erstaunen darüber, wie viele Begriffe der griechischen Philosophie ihnen zur Darlegung und Deutung der evangelischen Wahrheit unentbehrlich waren, auf die Meinung kamen, die griechischen Philosophen hätten von Moses und den Propheten viele Wahrheiten hinübergenommen: so will ich dem nicht unbedingt widersprechen, wie es noch zu viel geschieht; denn offenbar ist der Einfluss orientalischer Gedanken auf die Griechen viel grösser gewesen, als man bis jetzt in der Geschichte der Philosophie zu erwähnen pflegt. Zugleich aber wird man nicht läugnen wollen, dass alle orientalischen Gedanken doch nur als Roh-Material nach Griechenland gingen und dort durch sorgfältige Arbeit die angemessene begriffliche Gestalt gewannen, in welcher sie nun erst als wissenschaftlich brauchbare Artikel wiederum in den allgemeinen Weltverkehr gelangten und auch in den Orient zurückkehrten.

Wenn wir desshalb uns auf den Ursprung dieses Begriffs besinnen wollen, so wird es uns sicherlich nie an Analogien fehlen, wenn wir aufs Alte Testament zurückgehen; dennoch aber ist dort Alles nur noch blosse Andeutung, und wir werden erst bei Johannes und bei Paulus diesen Begriff im Vordergrund sehen und zwar in seiner ganzen Fülle und Bestimmtheit. Wenn wir dagegen auf die griechische Philosophie zurückgehen, so tritt uns dort der Begriff in einer solchen exacten Form entgegen, dass wir verwundert sind, wesshalb er im Neuen Testament doch wieder meistens metaphorisch verhüllt ist. Allein dieses Verhältniss lässt sich leicht erklären; denn die Apostel, Johannes und Paulus nicht ausgeschlossen, waren ja keine Gelehrte, und es ist aus ihren Schriften hinreichend evident, dass sie kein einziges philosophisches Buch der Griechen gelesen haben, wesshalb auch nicht sie, sondern erst die gelehrten Kirchenväter in ihrer Polemik gegen das Heidenthum auf das mächtige Rüstzeug der heidnischen Philosophie hinweisen. Aber trotzdem redeten die Apostel griechisch und schrieben griechisch. Wie man nun vielleicht nicht ganz gültig sagt: wessen Brot ich esse, dessen Lied ich pfeife, so kann man doch völlig gültig behaupten: wessen Sprache ich rede, in dessen Gedanken bewege ich mich. Die griechische Philosophie aber hatte in der griechischen Sprache eine Menge von Wörtern als für bestimmte Begriffe ausgeprägt und sie durch die Schulen und öffentlichen Disputationen und die Dichter in allgemeine Verbreitung gesetzt: so dass Niemand mehr die Sprache reden konnte, wenn er verstanden werden wollte, ohne in diesen Begriffen unwillkürlich zu denken. Es wäre z. B. unter griechisch Redenden nicht möglich gewesen, den Ausdruck Wort ($\lambda\acute{o}\gamma o\varsigma$) von allen den andern Bedeutungen zu trennen z. B. von Vernunft, Ueberlegung, rationales Verhältniss, ideales Wesen der Natur u. s. w., ohne ausdrücklich zu bemerken, dass man an nichts anderes als an Rede oder Wort denken dürfe. Demgemäss war es ganz unmöglich, dass die Apostel hätten griechisch sprechen und schreiben können, ohne die griechische Art zu denken, wie sie durch die Philosophen gebildet war, mitzunehmen. Will man also eine griechische Schrift erklären, die sich nicht geradezu für eine Uebersetzung ausgiebt, so muss man in erster Linie auf die griechischen Quellen zurückgehen, um aus diesen die Erklärung der gebrauchten Ausdrücke zu gewinnen. Und nur bei den Fremdworten, die aus einer barbarischen Sprache stammen, wird man bei den Barbaren, also in unserem Falle bei den Hebräern Auskunft zu gewinnen suchen. Ich halte es daher für eine gerechte Muthmassung, bei dem im Munde von Johannes und Paulus so häufigen und doch von Hebräischer Weltauffassung so fernliegenden Begriff von einem ewigen Leben in der Zeit einen griechischen Einfluss anzunehmen und zwar so, dass nicht etwa die ganze schulmässige Behandlung desselben, sondern nur der Gehalt und der für die gebildete Sprache gewonnene Verstand desselben herübergekommen sei.

2. Die griechischen Quellen.

Man könnte nun schon auf Heraclit zurückgehen, an den ja auch der Kirchenlehrer Clemens von Alexandria erinnert: „Tod ist Alles was wir wachend sehen", oder wie Plutarch citirt: „Leichname muss man mehr als Koth wegwerfen; alles Fleisch aber ist todt"; oder wie ihn Hippolyt „die Menschen in wachend Lebende und Todte" eintheilen lässt; allein damit wären wir eben auch nur bei einem metaphorisch Redenden und nicht bei einem exacten Philosophen angelangt. Die erste wissenschaftliche Ausprägung der Gedanken haben wir immer nur bei Plato und Aristoteles zu suchen, die zuerst eine besonnene Erkenntnisstheorie und Methodenlehre einführten.

Plato.

Dass wir auf Plato zurückzugehen haben, wird auch schon durch ein kleines Wörtchen angezeigt, welches, soviel ich sehe, zuerst in der Zeit der Sophisten in der griechischen Sprache auftritt und hauptsächlich von ihm eingeführt zu sein scheint, ich meine das Adverbium: wahrhaft ($ὄντως$). Plato unterscheidet überall die bloss erscheinende Welt von der wahrhaften Welt, die nur durch unser höchstes geistiges Vermögen wahrnehmbar ist, und hat für dies wahrhafte Sein den Ausdruck $τὸ$ $ὄντως$ $ὄν$. Wo wir also das seltsam gebildete Adverbium $ὄντως$ antreffen, dürften wir nie vergessen, dass wir eine Sokratisch-Platonische Münze vor uns haben. Wenn

Paulus daher im ersten Briefe an Timotheus 6, 19 das ewige Leben als ἡ ὄντως ζωή bezeichnet, so ist damit die Strasse der Untersuchung gewiesen; denn ein solcher Ausdruck steht unfehlbar auf dem Boden der griechisch-philosophischen Culturwelt.

Nehmen wir nun zuerst den Ausdruck ewig, αἰώνιος, in seinem Gegensatze zur Zeit, so hat Plato im Timaeus die schärfste Erklärung dafür. Er setzt daselbst die Zeit als ein Abbild dem **ewigen lebendigen Wesen** gegenüber, nach welchem Gott der Vater (ὁ γεννήσας πατήρ) als nach dem Urbilde (παράδειγμα) die Welt bildet. Während die Zeit mit der Welt zugleich entsteht, da sie ohne die Bewegungen der Dinge nicht nach Tagen, Monden und Jahren gezählt werden kann, und während der Zeit daher das War und Wird-Sein zukommt, so muss das ewige, lebendige Wesen nur als eine immerwährende Gegenwart aufgefasst werden.[1] Für das Ewige braucht er als gleichbedeutend die Ausdrücke αἰών, αἰώνιος und ἀΐδιος. Für den Begriff des Lebens in physischer, bürgerlicher und ethischer Bedeutung hat Plato den Ausdruck ζωή und τὸ ζῆν und braucht davon auch die Attribute der höchsten ethischen Unterschiede als gut und schlecht, selig, glückselig und vernünftig und das Gegentheil. Für die Begriffe Lebensweise und abgeschlossenes, specifisches Ganzes eines Lebens hat er gewöhnlich βίος.[2]

---

[1] Plat. Tim. 37. D. καθάπερ οὖν τυγχάνει ζῷον ἀΐδιον ὄν — — ἡ μὲν οὖν τοῦ ζῴου φύσις ἐτύγχανεν οὖσα αἰώνιος — — μένοντος αἰῶνος ἐν ἑνί, καθ' ἀριθμὸν ἰοῦσαν αἰώνιον εἰκόνα, τοῦτον ὃν δὴ χρόνον ὀνομάκαμεν. — — ταῦτα δὲ πάντα μέρη χρόνου, καὶ τό τ' ἦν τό τ' ἔσται χρόνου γεγονότα εἴδη, ἃ δὴ φέροντες λανθάνομεν ἐπὶ τὴν ἀΐδιον οὐσίαν οὐκ ὀρθῶς.

[2] Beispiele sind Pol. VII. 521. A. ζωῆς ἀγαθῆς τε καὶ ἔμφρονος. Legg. IV. 713. C. φήμην τῆς τῶν τότε μακαρίας ζωῆς. Pol. V. 465 D. ζήσουσι τοῦ μακαριστοῦ βίου μακαριώ-

Die Liebe hat bei Plato als Ziel ihres Begehrens die Unsterblichkeit ($ἀθανασία$). In der niedrigen Sphäre sucht sie dies durch Fortleben in den Kindern und in dem Ruhm bei der Nachwelt und wird desshalb zu dem Schönen hingetrieben, welches in menschlicher Gestalt und in den schönen Handlungen besteht. Wenn sie aber ihr wahres Ziel erkennt, so lässt sie das menschliche Fleisch, die Farben und alle die sterblichen Eitelkeiten bei Seite und sucht nur das wahrhafte göttliche Schöne zu schauen und nährt sich von diesem Anblick und zeugt so, da sie die Wahrheit ergriffen hat, wahrhafte Tugend und besitzt so Gottesliebe und Unsterblichkeit.[1]

Aus dem Timaeus vernehmen wir, dass uns Gott als das herrschende Theil unsrer Seele ein göttliches Wesen gegeben hat, welches im Kopfe wohnt und uns zur Verwandtschaft im Himmel von der Erde erhebt, da wir nicht ein irdisches, sondern ein himmlisches Gewächs sind. Von dorther, woher ja auch der erste Ursprung der Seele war, zieht uns das Göttliche den Kopf als unsre Wurzel nach oben und macht dadurch unsern ganzen Leib aufrecht. Wer nun mit den Begierden und dem bürgerlich-menschlichen Kampf um Vortheil und Ehre sich abgibt und darum sich bemüht, der bekommt sterbliche Gedanken und wird selbst nach Möglichkeit ganz sterblich; wer aber in der Liebe zur Erkenntniss auf die Wahrheit sinnt und sich darum vor Allem bemüht, der denkt Unsterbliches und Göttliches, da er ja die Wahrheit ergreift und muss, so viel die menschliche

---

$ἱερόν$. Die Sieger in den olympischen Spielen haben nur ein kleines Stück von dem seligen Leben, welches den Platonischen Wächtern zukommt, die als schöneren Sieg die Erlösung ($σωτηρίαν$) des ganzen Staates erreicht haben. Pol. I. 354. A. ὅ γε εὖ ζῶν Legg. III. 689. D. ὁ κατὰ λόγον ζῶν.

[1]) Symp. 211 D. — 212 B.

Natur es möglich macht, an der Unsterblichkeit theilhaben, und weil er ja immer dem Göttlichen dient und das in ihm wohnende Göttliche schön geschmückt hat, in hohem Grade gottselig (glückselig εὐδαίμων) sein."[1])

In seinem Buche vom Staat sagt Plato, dass die Menschen wie in einer dunklen Höhle gefesselt liegen und die Güter der Sinne und der Begierden so sehr für das allein Begehrungswerthe halten, dass wenn einer von **Oben aus dem Lichte herabkäme und sie aus ihren Fesseln erlösen und nach Oben führen wollte, sie seiner habhaft zu werden und ihn zu tödten suchen würden.**[2]) Gleichwohl dürfe man, wenn man selbst aus der Nacht zum Licht nach Oben gelangt sei und das wahrhaftige Gute und Göttliche geschaut habe, nicht oben bleiben wollen, sondern müsse zur Erlösung der unglücklichen Verblendeten und Gefangenen in ihr Dunkel wieder herabsteigen und an ihrer Noth Antheil nehmen, um sie allmählich zu dem wahren Licht heraufzuführen.[3]) Darum müssen im Staat nicht diejenigen herrschen, welche Bettler sind und hungrig nach den eigennützigen Gütern, weil sie bloss als Räuber an der Gemeinschaft handeln werden, sondern diejenigen, welche in Wahrheit reich sind, nicht an Gold, sondern woran der Gottselige (Glückselige εὐδαίμων) reich sein muss, an einem guten und besonnenen Leben.[4]) Es sind dies die „Erlöser"(σωτῆρες).

Der Ausdruck Himmel (οὐρανός) wird von Plato in

---

[1]) Tim. 90. A — D. πρὸς τὴν ἐν οὐρανῷ ξυγγένειαν ἀπὸ γῆς ἡμᾶς αἴρειν ὡς ὄντας φυτὸν οὐκ ἔγγειον ἀλλὰ οὐράνιον. — τῷ περὶ τὰς ἀληθεῖς φρονήσεις ἐσπουδακότι — φρονεῖν ἀθάνατα καὶ θεῖα, ἅνπερ ἀληθείας ἐφάπτηται — ἀεὶ θεραπεύοντα τὸ θεῖον.

[2]) Pol. 517. καὶ τὸν ἐπιχειροῦντα λύειν τε καὶ ἀνάγειν, εἴ πως ἐν ταῖς χερσὶ δύναιντο λαβεῖν, κἂν ἀποκτείνειαν.

[3]) Pol. 519. D, 520 C.

[4]) Pol. 521. ἄρξουσιν οἱ τῷ ὄντι πλούσιοι, οὐ χρυσίου, ἀλλ' οὗ δεῖ τὸν εὐδαίμονα πλουτεῖν, ζωῆς ἀγαθῆς τε καὶ ἔμφρονος.

doppeltem Sinne gebraucht, einmal für den sichtbaren Himmel mit den sichtbaren Gestirnen, dann aber auch für die unsichtbare höhere Welt, die in ewiger Gegenwart ohne Bewegung bestehend nur von dem reinen Geist erkannt wird. Der Weg nach Oben ist ihm daher immer gleich der Erkenntniss des Intelligibeln, wie das Diesseitige das Sensible.[1]) Daher ist natürlich der reine Geist vom Himmel gekommen und erhebt sich in den Himmel, wo seine Heimath ist; denn das Irdische ist zwar auch durch die Idee gestaltet, aber nur in trüber Weise wie ein Schein im Dunkeln, und kann ihn nicht anders aufnehmen, als dadurch, dass es selbst stirbt. Das Sterben ist das Leben und die Philosophie ist das Streben nach dem Tode, d. h. nach dem reinen, ewigen Leben der Idee oder der Wahrheit.

Ziehen wir diese verschiedenen Stellen nun zusammen, so haben wir bei Plato 1) den Begriff eines ewig Lebendigen im Gegensatz zu der zeitlichen Fortdauer und dem zeitlichen Geschehen; 2) die Lehre, dass dieses Ewige nicht durch die Sinne erkannt wird, sondern nur intelligibel ist, und uns, wenn wir es als die Wahrheit und das Gute erkennen und daran theilnehmen, auch Unsterblichkeit während des sterblichen Lebens verleiht; 3) dieses Ewige wird auch als Licht und als das Himmlische im Gegensatz gegen das Irdische und das Dunkle des diesseitigen Lebens bezeichnet.

Aristoteles.

Wir kommen nun zu dem Erben der reichen Platonischen Gedanken, zu Aristoteles. Von diesem wollen

---

[1]) I. a. Soph. 246. A. *οἱ μὲν εἰς γῆν ἐξ οὐρανοῦ καὶ τοῦ ἀοράτου πάντα ἕλκουσι*, die Materialisten nämlich. Cratyl. 396. B. *ἡ δὲ αὖ ἐς τὸ ἄνω ὄψις καλῶς ἔχει τοῦτο τὸ ὄνομα καλεῖσθαι, οὐρανία, ὁρῶσα τὰ ἄνω, ὅθεν καὶ φασιν τὸν καθαρὸν νοῦν παραγίγνεσθαι.*

wir zuerst die Beschreibung Gottes und des göttlichen Lebens übersetzen: „Wenn sich Gott ewig so vollkommen verhält, wie wir dann und wann, so ist das herrlich erhaben, wenn aber noch in höherem Grade, dann noch herrlicher. Er verhält sich aber so. Und Leben ($\zeta\omega\acute{\eta}$) kommt ihm zu; denn des Geistes Wirken ist Leben; und er ist Wirken; sein Wirken aber an sich selbst ist bestes und **ewiges Leben**. Wir nennen Gott aber ewiges, bestes, lebendiges Wesen, so dass Leben und eine stetige und ewige Zeit ($\alpha i\acute{\omega}\nu$) dem Gotte zukommt; denn das ist Gott."[1]) Ich habe das Wort $\nu o\tilde{\nu}\varsigma$ durch „Geist" übersetzt, weil die sonst häufig passende Uebersetzung „Vernunft" hier missverständlich wäre. Auch im Neuen Testament wird $\nu o\tilde{\nu}\varsigma$ von Luther verschiedentlich übersetzt, z. B. durch „Sinn" und „Gemüth", und leider wird dadurch das völlige logische Verstehen erschwert. Offenbar aber tritt dort der $\nu o\tilde{\nu}\varsigma$ auch an den höchsten Platz und wird mit $\pi\nu\varepsilon\tilde{\nu}\mu\alpha$ und $\vartheta\varepsilon\acute{o}\varsigma$ abwechselnd gebraucht z. B. im Römerbrief 7, 22, wo dem $\tau\tilde{\omega}\ \nu\acute{o}\mu\omega\ \tau o\tilde{\nu}\ \vartheta\varepsilon o\tilde{\nu}$ entspricht $\tau\tilde{\omega}\ \nu\acute{o}\mu\omega\ \tau o\tilde{\nu}\ \nu o\acute{o}\varsigma\ \mu o\nu$ und wieder $\tau\tilde{\omega}\ \mu\grave{\varepsilon}\nu\ \nu o\ddot{\imath}\ \delta o\nu\lambda\varepsilon\acute{\nu}\omega\ \nu\acute{o}\mu\omega\ \vartheta\varepsilon o\tilde{\nu}$. Das Gesetz Gottes ist also nach Paulus das Gesetz der Vernunft oder unseres Geistes und wird von demselben daher mit Lust befolgt. Das Gesetz aber ist geistig ($\acute{o}\ \nu\acute{o}\mu o\varsigma\ \pi\nu\varepsilon\nu\mu\alpha\tau\iota\varkappa\acute{o}\varsigma\ \grave{\varepsilon}\sigma\tau\iota\nu$ ibid. 7, 14.) und das $\pi\nu\varepsilon\tilde{\nu}\mu\alpha$ oder $\nu o\tilde{\nu}\varsigma$ Christi ist Leben ($\zeta\omega\acute{\eta}$). Röm. 8, 9 heisst es daher bald $\pi\nu\varepsilon\tilde{\nu}\mu\alpha\ X\rho\iota\sigma\tau o\tilde{\nu}$ bald $\pi\nu\varepsilon\tilde{\nu}\mu\alpha\ \vartheta\varepsilon o\tilde{\nu}$, bald (11, 34) $\nu o\tilde{\nu}\varsigma\ X\rho\iota\sigma\tau o\tilde{\nu}$, den nur der $\pi\nu\varepsilon\nu\mu\alpha\tau\iota\varkappa\acute{o}\varsigma$ verstehen könne, nicht der $\psi\nu\chi\iota\varkappa\acute{o}\varsigma$. Um den $\nu o\tilde{\nu}\varsigma$ zu verstehen, muss man also Pneumatiker sein, also $\pi\nu\varepsilon\tilde{\nu}\mu\alpha$ haben. Der $\nu o\tilde{\nu}\varsigma$ ist daher dem $\pi\nu\varepsilon\tilde{\nu}\mu\alpha$ nicht untergeordnet.

---

[1]) Metaphysic. Λ 1072. b. 24—30. ἡ γὰρ νοῦ ἐνέργεια ζωή, ἐκεῖνος δὲ ἡ ἐνέργεια· ἐνέργεια δὲ ἡ καθ' αὑτὴν ἐκείνου ζωὴ ἀρίστη καὶ ἀΐδιος. φαμὲν δὲ τὸν θεὸν εἶναι ζῷον ἀΐδιον ἄριστον, ὥστε ζωὴ καὶ αἰὼν συνεχὴς καὶ ἀΐδιος ὑπάρχει τῷ θεῷ· τοῦτο γὰρ ὁ θεός.

Was den Ausdruck αἰών betrifft, so habe ich ihn durch „Zeit" übersetzt. Aristoteles braucht αἰών für das Ganze eines Lebens, woran nichts fehlt, weder von Seiten des Anfangs noch des Endes und darum auch für das vollkommene Ganze der Zeit überhaupt, so dass Aeon ihm die Ewigkeit ist, sofern sie die unendliche Länge der Zeit völlig umfasst, woher seiner Meinung nach auch der Name herrührte, nämlich von „immer sein" (αἰών — ἀπὸ τοῦ ἀεὶ εἶναι). Wie der Begriff des stetigen Seins in den Begriff der Entelechie übergeht, habe ich oben zu zeigen versucht. Die Entelechie ist daher die Parusie des Ewigen in dem Zeitlichen nach Aristoteles. Wie bei ihm der Ausdruck „in Ewigkeit" (τὸν ἅπαντα αἰῶνα) vorkommt, so in dem später verfassten peripatetischen Buche „Von der Welt" öfter auch „von Ewigkeit zu Ewigkeit" (ἐξ αἰῶνος εἰς ἕτερον αἰῶνα).

Wie Aristoteles aber Gott als das ewige Leben auffasst, so hat er auch den andern Gedanken in philosophischer Klarheit entwickelt, dass wir **unsterblich in der Zeit** sein können, indem wir an jenem ewigen Leben Theil nehmen, wenn auch nur dann und wann. Aristoteles hat die Lebensweisen der Menschen in drei Arten eingetheilt; eine Eintheilung, die wir bei Paulus dem Apostel und später bei den Gnostikern, wie auch früher bei dem Juden Philo wiederfinden, ein wenig modificirt, aber doch durchaus unverkennbar. Das niedrigste und verächtlichste Leben führen die Genussmenschen (βίος ἀπολαυστικός), welche wie die Thiere nur dem sinnlichen Vergnügen dienen. Die zweite Stufe aber ist das sogenannte menschliche oder praktische Leben. Dies hängt wesentlich mit den Leidenschaften und Gemüthsbewegungen zusammen und besteht in den mannichfaltigsten Handlungen, die auf dergleichen Bedürfnisse eingehen. In diesem Kreise wird die Tugend durch richtige Gewöhnung oder Zucht gewonnen und dies ist die ethische

oder bürgerliche oder menschliche Tugend, die aber
vielerlei äussere Bedingungen zu ihrer Thätigkeit bedarf, z. B. Vermögen zur Freigebigkeit, und zur Gerechtigkeit für Wiedererstattung, Kraft zur Tapferkeit, Macht
zur Beweisung von Mässigkeit u. s. w. Wie sie desshalb in vieler Unruhe und Geschäften lebt, so ist sie
auch nach allen Seiten hin abhängig und recht der gemischten Natur des Menschen entsprechend. Die erste
und höchste Stelle aber nimmt das theoretische Leben
ein, welches wir mit dem mächtigsten und besten Theile
unsrer Natur führen, mit dem von dem Sinnlichen abgesonderten Geist (νοῦς). Es ist also ein rein geistiges
Leben und besteht wesentlich in der Anschauung des
Ewigen, welches den einzigen Gegenstand des Geistes
ausmacht und zugleich die Quelle seiner Seligkeit ist.
Ich will Aristoteles selbst sprechen lassen: „Wenn aber
die Glückseligkeit eine Thätigkeit nach der Tugend ist,
so folgt, dass diese letztere die höchste oder mächtigste
sein muss, was eben der Tugend des Besten in uns zukommt. Möge dies nun Geist (νοῦς) sein oder etwas
anderes, was von Natur zu herrschen und zu führen
scheint und Einsicht hat in das Schöne und Göttliche,
möge es selbst etwas Göttliches sein oder von dem in
uns das Göttlichste: seine Thätigkeit nach der ihm eigenen Tugend ist gewiss die vollendete Glückseligkeit."
„Ein solches Leben aber wäre wohl fast zu gut für den
Menschen; denn nicht als Mensch wird er so leben, sondern sofern ein Göttliches ihm innewohnt; soviel dieses
aber über die gemischte Natur hervorragt, so viel auch
diese Thätigkeit über die nach den andern Tugenden.
Wenn der Geist aber ein Göttliches ist im Verhältniss
zum Menschen, so ist auch das auf ihm beruhende Leben
göttlich im Verhältniss zum menschlichen Leben. Doch
darf man nicht jenem Rathe folgen, Menschliches zu
sinnen, weil man ein Mensch sei, und Sterbliches, weil

man sterblich sei, sondern man muss soviel es angeht unsterblich sein (*ἀθανατίζειν*) und Alles thun, um nach dem besten Theile unserer selbst zu leben; denn wenn dieses auch dem Umfange nach klein ist, so überragt es doch vielmehr an Macht und Herrlichkeit Alles." (Eth. Nicom. X. 7—8.)

Wir haben also bei Aristoteles auf's Klarste und in systematischem Zusammenhang 1) die Lehre, dass Gott das ewige Leben ist und zwar sowohl als Grund alles zeitlichen Geschehens, wie auch als von aller Zeit unberührt in ewiger Vollendung. 2) Sodann hörten wir ihn das rein geistige Leben als eine Unsterblichkeit in der Zeit beschreiben und dies Leben über das menschliche setzen (*ἀθανατίζειν — ἀνθρωπεύεσθαι*). Dieses Leben besteht nach ihm in einem Schauen des Göttlichen und Ewigen und Guten, welches nicht durch die Sinne, sondern nur im Geiste und vom Geiste ergriffen werden kann.

Vergleichung griechischer Weisheit mit dem Christenthum.

Wenn wir nun die Platonische und Aristotelische Lehre mit der oben S. 130 ff. entwickelten Johanneischen und Paulinischen vergleichen, so kann wohl kaum zweifelhaft bleiben, dass hier nicht bloss eine Verwandtschaft von Gedanken, die etwa auf verschiedenem Boden selbstständig entsprosst wären, vorhanden ist; sondern dass nothwendig eine Erbschaft der Lehre angenommen werden muss. Dass mit diesem Resultat dem Christenthum aber nichts von seinem eigenthümlichen Wesen und Verdienst entzogen wird, will ich mit den Worten eines unserer weisesten Zeitgenossen sagen, der bei einer ähnlichen Frage sich so äussert: „So kann es scheinen als offenbarte die Offenbarung eigentlich wenig, und in der That ist sie als Lehre weder weitläufig noch umständlich; sie bereichert nicht das Wissen durch eine Fülle einzelner Wahrheiten, sondern stiftet ein neues Leben auf dem

Grunde einer Wahrheit, die nicht besessen wird, wenn sie bloss gewusst wird, sondern nur wenn sie als beständiges Lebensgefühl den ganzen Menschen durchdringt."¹) Bei den Griechen blieb das ewige Leben ein rein theoretischer Besitz und Genuss und war auf die kleine Gemeinde der Philosophirenden eingeschränkt; im Christenthum aber sollte dieses Leben persönlich erschienen sein und als eine Lebensquelle sich zeugend bewähren. Damit zugleich wird diese Lehre immer in einem historischen Rahmen erscheinen, indem sie sich ganz an die jüdische Geschichte und Weltanschauung anschliesst. Drittens aber ist diese bei Johannes und Paulus hervortretende philosophische Lehre vom ewigen Leben dadurch von der Lehre griechischer Weisheit verschieden, dass sie in dem gegenwärtigen Dasein gewissermassen nur die Probe anzeigt von der zukünftigen Herrlichkeit eines jenseitigen Lebens der Seele, möge das Jenseits nun als ein zukünftiges Diesseits, als ein zweiter Aeon, aufgefasst werden, oder als ein in den vielen verborgenen Räumen des Hauses Gottes schon während dieses Weltalters eintretendes, himmlisch vollkommenes Dasein nach dem Tode des Leibes. Die grossartige Perspective einer solchen Erfüllung mit Abthun des Stückwerkes fehlt den Griechen vollständig, denn weder Plato, noch Aristoteles lehren eine Unsterblichkeit der Seele und keiner von beiden weiss etwas von der Möglichkeit einer vollkommeneren Welt als die gegenwärtige; ja Plato erklärt diese Welt geradezu für die einzig mögliche und bestvollendete und für den eingeborenen Sohn Gottes selbst.

Da mit Hervorhebung dieser drei Gesichtspunkte das eigenthümlich Christliche hinlänglich davor gesichert ist, etwa als ein Abklatsch griechischer Weisheit ange-

---

¹) Lotze, Mikrokosmus, dritter Band, zweite Auflage S. 356.

sehen zu werden, können wir nun fortfahren, die Untersuchung weiterzuführen, um die Gewissheit einer historischen Vererbung griechischer Gedanken an das Judenthum sicherer zu versiegeln.

3. Die philosophischen Studien der Juden und die Zeugnisse der christlichen Kirche.

Die griechische Weisheit in Philo, dem Juden.

Als der beste Zeuge dieser Thatsache kann uns immer der Jude Philo dienen, der kurze Zeit vor der muthmasslichen Abfassung der Paulinischen Briefe und des Evangeliums Johannes geschrieben hat. Auch er ist, wie unsere Apostel, in erster Linie durch das Alte Testament gebildet, und seine Phantasie geht ganz auf in den Bildern und Erinnerungen seiner Nation. Wie sehr Philo aber auch mit den Aposteln gemeinsamen Grund und Boden haben mag, so unterscheidet er sich doch dadurch ungemein, dass er als Gelehrter die griechischen Philosophen kennt und benutzt und ihre Ideen mit Bewusstsein hinüberträgt auf die hebräische Welt zur geistreichen Erklärung derselben, und um durch Nachweis des in der allegorischen Sprache verborgenen philosophischen Sinnes das Ansehen der nationalen Weisheit zu erhöhen. Wegen der endlosen Spielereien und Abgeschmacktheiten, in denen er sich gefällt, darf man aber nicht annehmen, er habe absichtlich täuschen wollen, sondern es zeigt sich darin in naiver Weise nur die unklare und kindlich unkritische Beschaffenheit seines Gemüths, welches mit gleicher Liebe griechische und hebräische Weisheit umfasst und desshalb zu der barocken Amalgamirung versucht wurde. Unsere ungelehrten Apostel aber kennen die griechische philosophische Litteratur gar nicht und brauchen daher mit autodidaktischem Genie die in der gebildeten Sprache niedergelegten Gedanken, wobei sie nothwendig, ohne es zu wissen und zu wollen, die Früchte der philosophischen Arbeit mitgeniessen. Um dies Verhältniss durch eine Analogie auszudrücken, so ist Philo und Genossen denen zu vergleichen, welche unsere wilden Obstbäume durch Pfropfreiser aus südlichen Ländern veredelt haben, die Apostel aber gleichen uns, wenn wir, ohne es zu wissen, dass wir Ausländisches berühren, die veredelten Früchte geniessen. Darum ist nun Philo grade so lehrreich, weil er den historisch greifbaren Anhaltspunkt giebt, an welchem man den Import der griechischen Weisheit deutlich untersuchen und registriren kann. Denn obwohl man vielleicht organischer verführe, wenn man zunächst auf die griechischen Apokryphen des Alten Testaments und die Septuaginta zurückginge: so überlasse ich das lieber den theologischen Fachmännern und ziehe für mich bei dieser und der obigen Untersuchung die kürzere Methode vor, wornach nur die Wendepunkte des Weges an hervorragenden Autoren, wie durch deutliche Wegweiser kenntlich gemacht werden. Philo ist mir ein solcher Wegweiser an einem Scheidepunkte und von ihm bis zu Plato führt eine schnurgerade Strasse, die selbst von dem Stoicismus nicht abgebogen wird. Zur weiteren Orientirung werden wir dann noch den Clemens von Alexandrien genauer zu Rathe ziehen.

Die Ewigkeit ist Gottes Leben.

Zuerst haben wir nun zu registriren, dass Philo wörtlich nach Plato's Timaeus die Ewigkeit ($αἰών$) als Urbild und Vorbild der Zeit ($χρόνος$) betrachtet und ebenso die Zeit als Sohn der Welt, durch deren Bewegung sie erst entsteht, bezeichnet. Gottes Leben ($βίος$) ist Ewigkeit, in welcher nichts vergangen und zukünftig ist, sondern die nur wirkliches Bestehen ausdrückt. Alle diese griechischen Gedanken glaubt er nun allegorisch angedeutet in den Worten bei Moses: (Deut. 5, 31.) „Stehe du hier bei mir!" Denn der Mensch ist veränderlich und steht nicht fest, weil er das Zufällige und Künftige nicht erkennen kann; Gott aber, weil er im reinen Lichte ($\dot{\varepsilon}\nu$ $\alpha\dot{\upsilon}\gamma\tilde{\eta}$ $\kappa\alpha\vartheta\alpha\varrho\tilde{\alpha}$) wohnt, ist Alles klar, und so ist das Stehen die Allegorie seiner Unveränderlichkeit.[1]

Diese Ewigkeit, welche Urbild und Vorbild der Zeit ist, erklärt Philo an einer anderen Stelle[2] genauer. Er versteht darunter das Leben der intelligibeln Welt, wie die Zeit das Leben der sinnlich wahrnehmbaren Welt ausdrückt. Und diese Platonische Weisheit findet er in den Worten der Genesis, wo Gott zum Abraham sagt: „es werde im andern Jahre" geschehen, nämlich dass Sarah einen Sohn bekommen würde. Denn Philo meint die Ausleger schelten zu müssen, welche hierbei an die durch Mond- oder Sonnen-Umläufe gemessene Zeit denken, während vielmehr nur das wahrhaft ($\check{o}\nu\tau\omega\varsigma$) Andere gemeint sein könne, welches im Verhältniss zum sinnlich Wahrnehmbaren eben nur das Intelligible ist, in welchem der Sohn, d. h. die Weisheit, wohnt, der die zwölf Völker zeugt, d. h. den ganzen Cyclus der Wissenschaften. Denn dass Gott selbst der Gegensatz der Zeit ist, liegt nach Philo in den Worten Mosis, die er an die fliehenden Israeliten richtet, damit sie stehen sollten: „die Zeit ($\acute{o}$ $\varkappa\alpha\iota\varrho\grave{o}\varsigma$) ist von ihnen (den Feinden) abgewandt, der Herr ist bei uns." Also ist Gott die wahre Zeit, und Gott wohnt in den tugendhaften Seelen: „ich werde wandeln bei Euch und werde Euer Gott sein."

---

[1] Phil. quod deus immut. §. 6. p. 276 ff. Mangey.
[2] Phil. Iud. de mut. nom. p. 619 Mang. $\alpha\grave{\iota}\grave{\omega}\nu$ $\tau o\tilde{\upsilon}$ $\nu o\eta\tau o\tilde{\upsilon}$ $\beta\acute{\iota}o\varsigma$ $\varkappa\acute{o}\sigma\mu o\upsilon$, $\acute{\omega}\varsigma$ $\varkappa\alpha\grave{\iota}$ $\alpha\grave{\iota}\sigma\vartheta\eta\tau o\tilde{\upsilon}$ $\chi\varrho\acute{o}\nu o\varsigma$.

Unsere Unsterblichkeit in der Zeit.

Von diesem Standpunkt aus ist natürlich die nothwendige Consequenz, auch eine Unsterblichkeit oder Ewigkeit in der Zeit anzunehmen. Darum sagt Philo, dass einige Lebende todt sind und einige Todte leben. Denn, meint er, Moses wolle in den Gesetzen über den Mord die Schlechten als Leichname bezeichnen, auch wenn sie bis zum höchsten Alter kommen, da ihnen das Leben nach der Tugend fehle; die Guten aber, auch wenn sie vom Leib geschieden werden, als ewig lebend, da sie das unsterbliche Theil erhalten haben. Die sich zu Gott wenden, sind allein lebendig, alle Andern todt. Unsterblichkeit ($\dot{\alpha}\varphi\vartheta\alpha\varrho\sigma\acute{\iota}\alpha$) kommt den Guten zu; denn Leben ist die Tugend, das Schlechte aber und die Schlechtigkeit ist der Tod. Denn Leben und lange Tage sehen, heisse bei Moses Gott lieben, den Herrn. Seine Definition des unsterblichen Lebens sei also die schönste, nämlich sich mit unfleischlicher und unkörperlicher Liebe an Gott halten. Einen andern Beweis sieht Philo in den Worten: „dann starben sie im Angesicht des Herrn;" denn das könne nur heissen: „sie lebten", denn es sei nicht gestattet, ein Todtes vor das Angesicht Gottes zu bringen u. s. w. Und wenn ein Dichter sage, die Schlechtigkeit sei kein sterbliches, sondern ein unsterbliches Uebel, so beziehe sich das nur auf unser zeitliches Leben; denn im Verhältniss zu dem Leben in Gott sei das Böse unlebendig und todt und verdiene (nach Heraklit) mehr als Koth weggeworfen zu werden.[1]

---

[1] Phil. Iud. de profugis p. 550 ff. Mang. ζῶντες ἔνιοι τεθνήκασι καὶ τεθνηκότες ζῶσι. Τοὺς μὲν γε φαύλους ἄχρι γήρως ὑστάτου παρατείνοντας νεκροὺς ἔλεγεν εἶναι, τὸν μετ' ἀρετῆς βίον ἀφῃρημένους· τοὺς δὲ ἀστείους, καὶ ἂν τῆς πρὸς σῶμα κοινωνίας διαζευχθῶσι, ζῆν εἰσαεί, ἀθανάτου μοίρας ἐπιλαχόντας. — —

Das Brot vom Himmel und das Manna.

Unter Voraussetzung des Platonischen Idealismus lag es nun nahe, alle die Hebräischen Geschichten in diesem Sinne zu deuten. So sagt Philo[1]), dass der Tag das Symbol des Lichtes sei, das Licht aber sei die Bildung (παιδεία) der Seele. Viele aber erwürben sich das Licht bloss zu Zwecken der Nacht und der Finsterniss; der Gute müsse aber den Tag oder das Licht um des Tages oder um des Lichtes selbst willen lieben; und solche würden nicht durch irdische, sondern durch himmlische Wissenschaften genährt. Wenn daher Moses sage: „Dies ist das Brot, welches Euch der Herr gegeben hat zu essen", so sei dies natürlich die Speise der Seele und bedeute das continuirliche Wort Gottes. Und nachdem er noch die Allegorie des Thau's mit dem göttlichen Wort durchgeführt, sagt er zum Schluss: „Was wäre wohl glänzender und lichtvoller als das göttliche Wort (θεῖος λόγος) durch dessen Anwesenheit (μετουσία) auch alles Andre das Dunkel vertreibt, verlangend nach der Gemeinschaft mit dem Lichte der Seele!"

Zugleich hat Philo aber auch schon in derselben Weise wie im Neuen Testamente das Manna als das göttliche Wort (λόγος θεῖος) bestimmt als das älteste

---

ὅρος ἀθανάτου βίου — σύμβολα ἀφθαρσίας — — τὸ κακὸν πρός γε τὴν ἐν θεῷ ζωὴν ἄψυχον καὶ νεκρόν.

[1]) Phil. Jud. Legis Allegor. III. p. 120. cf. Mang. σύμβολον φωτός ἐστιν ἡ ἡμέρα. Φῶς δὲ ψυχῆς ἐστι παιδεία. — — μὴ γηΐνοις, ἀλλὰ ταῖς ἐπουρανίαις ἐπιστήμαις τρέφεσθαι. — — ὁρᾷς τῆς ψυχῆς τροφὴν οἵα ἐστι. λόγος θεοῦ συνεχής (NB. Dieser Begriff des συνεχής ist von Philo sehr geistreich behandelt und muss durch Aristoteles ἐντελέχεια und οὐσία erläutert werden. Vergl. oben S. 123. — Die μετουσία ist gleich κοινωνία die andere Seite der παρουσία. (Vergl. oben S. 18 und 85.)

aller Wesen.[1]) Israel d. h. „welcher Gott sicht" ist darum allein sehend; denn alle anderen sind mit offenen Augen blind, da sie das Böse für das Gute, das Ungerechte für das Gerechte ansehen; jener aber richtet seinen Blick zum Himmel und sieht das Manna, das göttliche Wort, die himmlische unvergängliche Speise derjenigen Seele, welche die Wahrheit zu schauen liebt.[2])

Aehnlich fasst Philo auch die Vereinigung mit Gott, der zu schenken liebt, als eine Quelle, von der alle Güter herabregnen; denn welches Gute könnte mangeln, wenn der Alles zur Vollendung führende Gott anwesend ($\pi\alpha\rho\acute{o}\nu\tau o\varsigma$) ist mit seinen Gnadengaben ($\chi\acute{a}\rho\iota\tau\epsilon\varsigma$).[3])

Das Wort Himmel hat für Philo im Alten Testament natürlich auch immer die doppelte Bedeutung, wornach für die sinnliche Auffassung der sinnliche wahrnehmbare Himmel gemeint ist, für den Vernünftigen aber die intelligible Welt, die nur durch den reinen Geist zu schauen ist, und welche darum nur inwendig in uns sein kann.[4])

---

[1]) Phil. Iud. quod. det. potiori insid. p. 214. Mang. $K\alpha\lambda\epsilon\tilde{\iota}$ $M\acute{\alpha}\nu\nu\alpha$ $\tau\grave{o}\nu$ $\pi\rho\epsilon\sigma\beta\acute{v}\tau\alpha\tau o\nu$ $\tau\tilde{\omega}\nu$ $\check{o}\nu\tau\omega\nu$ $\lambda\acute{o}\gamma o\nu$ $\vartheta\epsilon\tilde{\iota}o\nu$.

[2]) Phil. quis rer. div. her. p. 484 Mang. $\dot{\alpha}\gamma o\rho\tilde{\omega}\nu$ $\tau\grave{o}$ $\mu\acute{\alpha}\nu\nu\alpha$, $\tau\grave{o}\nu$ $\vartheta\epsilon\tilde{\iota}o\nu$ $\lambda\acute{o}\gamma o\nu$, $\tau\grave{\eta}\nu$ $o\grave{v}\rho\acute{\alpha}\nu\iota o\nu$ $\varphi\iota\lambda o\vartheta\epsilon\acute{\alpha}\mu o\nu o\varsigma$ $\psi v\chi\tilde{\eta}\varsigma$ $\check{\alpha}\varphi\vartheta\alpha\rho\tau o\nu$ $\tau\rho o\varphi\acute{\eta}\nu$.

[3]) Phil. lib. de migr. Abr. p. 441. Mang. $\pi\eta\gamma\grave{\eta}$ $\delta\grave{\epsilon}$, $\dot{\alpha}\varphi'$ $\tilde{\eta}\varsigma$ $\check{o}\mu\beta\rho\epsilon\tilde{\iota}$ $\tau\grave{\alpha}$ $\dot{\alpha}\gamma\alpha\vartheta\grave{\alpha}$, $\dot{\eta}$ $\tau o\tilde{v}$ $\varphi\iota\lambda o\delta\acute{\omega}\rho o v$ $\vartheta\epsilon o\tilde{v}$ $\sigma\acute{v}\nu o\delta\acute{o}\varsigma$ $\dot{\epsilon}\sigma\tau\iota\nu$, — $T\acute{\iota}$ $\check{\alpha}\nu$ $o\tilde{v}\nu$ $\dot{\epsilon}\pi\iota\lambda\epsilon\acute{\iota}\pi o\iota$ $\kappa\alpha\lambda\grave{o}\nu$, $\tau o\tilde{v}$ $\tau\epsilon\lambda\epsilon\sigma\varphi\acute{o}\rho o v$ $\pi\acute{\alpha}\nu\tau\omega\varsigma$ $\pi\alpha\rho\acute{o}\nu\tau o\varsigma$ $\vartheta\epsilon o\tilde{v}$ $\mu\epsilon\tau\grave{\alpha}$ $\chi\alpha\rho\acute{\iota}\tau\omega\nu$ $\kappa.$ $\tau.$ $\lambda.$

[4]) Diese philosophische Allegorie findet sich auch ebenso im Neuen Testament in dem Johannes-Evangelium. Dementsprechend müssen natürlich die nächsten Ausmalungen des Bildes gehalten werden, d. h. es muss das Herabkommen von Oben oder vom Himmel und das Aufsteigen nach Oben oder zum Himmel die beiden Wege bezeichnen, die von dem Intelligibeln zum Sinnlichen und vom Sinnlichen zum Intelligibeln ·führen. Daher heisst es

Resultat.

Die Ueberlegung dieser Philonischen Gedanken zeigt uns also deutlich, dass der ganze Begriff und Verstand in allen seinen Anschauungen von Plato und Aristoteles und den Griechen überhaupt entlehnt ist, während ihm der reiche Bilderstoff, die Metaphern und Gleichnisse aus der hebräischen Phantasie und Litteratur gekommen sind. Indem er beide, sozusagen wissenschaftlich und methodisch nach Principien der Auslegung amalgamirt und den gegebenen Stoff durch den Stempel des Begriffs fest ausgeprägt hat, wurde dadurch eine grosse Masse brauchbarer Münzen für die populäre Paränese und für die Schriftauslegung insbesondere in Umlauf gesetzt, und es müsste erstaunen, wenn diese reiche Quelle von Gelehrsamkeit, moralischer Strenge und Tiefe, nationaler

---

(Joh. 6. 62): „wenn Ihr den Sohn des Menschen aufsteigen seht, dahin, wo er zuvor war" (ἀναβαίνοντα ὅπου ἦν τὸ πρότερον), was natürlich in dem Zusammenhang der Worte, wo Christus eben die allegorische Erklärung verlangt, nicht gut anders als von dem inwendigen Himmel verstanden werden kann, d. h. von dem Geiste, wie der Verfasser denn ja hinzufügt: „der Geist ist's, der lebendig macht, das Fleisch ist kein nütze" (Joh. Ev. 6, 63: τὸ πνεῦμά, welches zugleich die Bezeichnung Gottes ist, ἐστιν τὸ ζωοποιοῦν, ἡ σάρξ οὐκ ὠφελεῖ οὐδέν). Man würde daher doch wohl gegen den Sinn des Verfassers erklären, wenn man dabei an eine fleischliche Himmelfahrt dächte. — Der Anabasis entspricht dann die Katabasis, da nur durch Herabkommen von Oben oder vom Himmel der Geist erscheinen kann (z. B. Johann. 6, 41. 6, 50. ὁ ἐκ τοῦ οὐρανοῦ καταβαίνων). Es ist ersichtlich, dass die ganze Allegorie auf die Platonische Quelle zurückgeführt werden muss (vergl. oben S. 139), indem Plato zuerst diese bildliche Auffahrt (ἀνάβασις) zum Licht und das Herabkommen (καταβαίνειν) in das Dunkel zu den Gefangenen um sie zu erlösen eingeführt und ihre begriffliche Bedeutung festgestellt hat. (Vergl. Plato's Staat S. 519. D, 520. C, 521 A.

Begeisterung, universaler Empfänglichkeit und speculativer Kraft nicht sollte von seinen Zeitgenossen und den nach ihm kommenden Gelehrten ausgenützt sein.

Als es sich oben um den Begriff der Parusie handelte, habe ich mit Absicht Philo ausgelassen, weil er zwar auch diesen Begriff kennt und braucht, aber nur in einer so strengen Weise, dass dabei an ein Personwerden Gottes nicht im Mindesten gedacht werden kann. Denn die Parusie Gottes ist für ihn nur das ewige Leben, welches erst nach Abthun alles Sinnlichen und aller Erscheinung von dem reinen Geist in der Anschauung des Intelligibeln gelebt wird. Die Epiphanie Gottes ist also nur der Geist in seiner **unpersönlichen** Allgemeinheit. Darum findet Philo zwar die alten Lieder recht schön, wornach Gott zuweilen in Menschengestalt in den Städten umherwandeln soll, weil dadurch nämlich die stumpfen Bastard-Naturen, die Gott gar nicht ohne Leib denken können, einigermassen zur Selbstbeherrschung gebracht werden, indem sie sich vor einer drohend über ihnen schwebenden Strafe fürchten und sich so erziehen lassen, wie ein Mensch seinen Sohn erzieht. In Wahrheit aber betrachtet er es als eine Gottlosigkeit[1]) anzunehmen, Gott könne einem einzelnen ($\tau\tilde{\omega}\nu$ $\dot{\epsilon}\pi\dot{\iota}$ $\mu\dot{\epsilon}\rho\sigma\nu\varsigma$) Menschen ähnlich sein oder in einem solchen erscheinen, da er nur in der intelligibeln Welt geschaut werden kann und natürlich nicht die Begränzung auf Ort und Zeit verträgt.[2])

---

[1]) Phil. Iud. de legat. ad Cajum p. 562 M. $\vartheta\epsilon o\pi\lambda\alpha\sigma\tau\tilde{\eta}\sigma\alpha\iota$ $\ddot{o}\pi\epsilon\varrho$ $\dot{\alpha}\sigma\epsilon\beta\eta\mu\dot{\alpha}\tau\omega\nu$ $\ddot{\epsilon}\varkappa\varrho\iota\nu\epsilon\nu$ $\epsilon\tilde{\iota}\nu\alpha\iota$ $\chi\alpha\lambda\epsilon\pi\dot{\omega}\tau\alpha\tau o\nu$. Und de somniis p. 655 seq. Marg.

[2]) Phil. de somniis p. 655. f. Mang. $\tau\alpha\tilde{\iota}\varsigma$ $\mu\dot{\epsilon}\nu$ $o\tilde{\upsilon}\nu$ $\dot{\alpha}\sigma\omega\mu\dot{\alpha}\tau o\iota\varsigma$ $\varkappa\alpha\dot{\iota}$ $\vartheta\epsilon\varrho\alpha\pi\epsilon\upsilon\tau\varrho\acute{\iota}\alpha\iota\nu$ $\alpha\dot{\upsilon}\tau o\tilde{\upsilon}$ $\psi\upsilon\chi\alpha\tilde{\iota}\varsigma$ $\epsilon\dot{\iota}\varkappa\grave{o}\varsigma$ $\alpha\dot{\upsilon}\tau\grave{o}\nu$ $o\tilde{\iota}\acute{o}\varsigma$ $\dot{\epsilon}\sigma\tau\iota\nu$ $\dot{\epsilon}\pi\iota\varphi\alpha\acute{\iota}\nu\epsilon\upsilon\vartheta\alpha\iota$ $\varkappa.$ $\tau.$ $\lambda.$ In den ausgezeichneten Arbeiten von Keim (Geschichte Jesu von Nazara), Holtzmann (Geschichte des Volkes Israel) und Hausrath (Neutestamentliche Zeitgeschichte) finde ich auffallender

Clemens von Alexandrien.

Es bleibt uns nun noch eine Aufgabe übrig, nämlich nachzuweisen, dass diese Lehre vom ewigen Leben, welche von den philosophischen Schulen der Griechen ausgebildet, von den studirenden Juden aufgenommen

---

Weise die reale Personification des *λόγος* als eine Philonische Vorstellung angenommen. Es scheint mir aber eine Täuschung zu sein, wenn man glaubt, auf diese Weise die christologischen Begriffe bequemer ableiten zu können; denn zu diesem Zwecke ist es ganz gleichgültig, ob Philo bloss in metaphorischer Sprache oder im eigentlichen Sinne den *λόγος* personificirte. Für das Verständniss Philo's ist es aber nicht gleichgültig, ob man ihm eine Vorstellungsweise aufbürdet, die seinem ganzen Character und den Prämissen seiner ganzen Lehre widerspricht; ja wenn man eine reale Persönlichkeit des *λόγος* bei Philo festhalten will, so soll man auch eine reale Persönlichkeit der Welt als des „Enkels" Gottes annehmen und zugleich unzählige andre abstracte Begriffe als Personen sich gefallen lassen, die einem denn doch zuletzt wohl als eine zu abgeschmackte Gesellschaft die erste Behauptung verleiden möchten. Ich kann hierin bei Philo auch weder orientalische Nebelhaftigkeit, noch ein beliebtes Schaukelsystem, wie Hausrath will, finden; sondern sehe nur den philosophisch wohl geschulten, dialektisch scharfen jüdischen Denker, für den nicht einmal Gott eine Person ist, geschweige denn gewisse Attribute desselben; da nach dem ganzen griechischen Idealismus die Persönlichkeit erst in den einzelnen sinnenfälligen Existenzen erscheinen kann und überhaupt nichts Unsterbliches ist. Denn selbst bei Plato ist die persönliche Unsterblichkeit nur eine Metapher.

Bei dieser Gelegenheit möchte ich mich im Anschluss an die obigen Bemerkungen S. 60 und S. 71 über die Stellung des Evangeliums Johannis aussprechen. Keim will in dem erwähnten Buche dieses Evangelium als die Antwort auf Cerinth's gnostische Ketzerei auffassen und etwa um 110—115 nach Christus geschrieben sein lassen. So treffend er aber auch gegen die „kunst- und zwangreichen Erklärungen" der Tübinger die einfache Form der Gnosis bei Johannes hervorhebt, so scheint er mir doch das methodische Princip, das seinen Ausführungen zu Grunde liegen muss,

und populäres Gemeingut in ihrer metaphorischen Form
geworden war, auch von den gelehrten Theologen der
christlichen Kirche nach diesem von uns hier betrach-

---

selbst nicht gehörig berücksichtigt zu haben. Erste Regel der Zeitbestimmung muss doch sicherlich immer sein, dass jede Lehre, die ein distinguendum est betont, später gesetzt werde als diejenige, worin das Bedürfniss einer solchen Distinction noch nicht gefühlt wird; wie man z. B. den Plato nothwendig später setzen müsste als Heraclit, auch wenn gar keine chronologischen Nachrichten überliefert wären, weil er die identische, ideale Form von dem Fliessenden scheidet, was bei Heraclit in naiver Einheit beisammen war. Nach demselben Princip müssen wir Cerinth betrachten, welcher zwar die Incarnation des λόγος lehrt, aber doch ein distinguendum est einführt, indem er die Taufe als Anfang derselben setzt und vor dem Leiden den λόγος wieder zurückzieht. Offenbar muss diese Lehre später sein, als eine andre, welche in unbefangener Weise den Widerspruch zwischen dem παθητικόν und ἀπαθές u. s. w. noch nicht fühlt und daher noch keine Anstalten macht zur Erklärung und Vermittlung dieser Schwierigkeiten. Wenn wir nun das Evangelium Johannis nicht besässen, aber den Standpunkt Cerinth's schon kennten, so müssten wir den Verlust eines Evangeliums postuliren und etwa als vor Cerinth entstanden und verbreitet eine Lehre construiren, wie wir sie bei dem Verfasser des Evangeliums Johannis wirklich vorfinden. Es ist darum viel einfacher, dieses glücklich erhaltene Werk orthodoxer Gnosis vor die Zeit des Cerinth zu setzen. Eine Antwort auf Cerinth kann dasselbe schon aus dem Grunde, wie mir scheint, nicht sein, weil man aus einer Antwort doch eine ungefähre Vorstellung der Frage gewinnen muss; wer aber bloss das Evangelium Johannis kennt, wird auch nicht die leiseste Vermuthung über eine solche dem Johannes zur Bekämpfung etwa vorliegende Cerinthische Christologie fassen können. Dagegen ist es sehr einleuchtend, dass Cerinth das Evangelium Johannis vor sich hatte, welches ja gleich unmittelbar mit dem Zeugniss der Taufe anfängt und die Geburtsgeschichte ignorirt. Denn die Vergleichung dieser Johanneischen Darstellung mit den anderen Evangelien konnte ihn sehr leicht auf seine Distinctionen bringen. Für meine Auffassung ist daher das Johannesevangelium eine geraume Zeit vor Cerinth's Schriftstellerei zu setzen und lieber mehr als weniger Zeit, da dieser offenbar schon mit einer gewissen theo-

teten Zusammenhang anerkannt wurde. Zu diesem Zwecke müssen wir zuschen, auf welche Weise die Kirchenlehrer der ersten Jahrhunderte diesen Begriff erklären. Wenn sie ihn als etwas ganz Neues betrachteten, wofür man noch keine fertigen Lehrformen besässe, sondern dieselben erst suchen müsste in eigener Speculation: so würden wir schliessen müssen, dass sie den Zusammenhang mit der griechischen Philosophie, die ihnen so wohl bekannt war, nicht eingesehen und nicht anerkannt haben. Wenn sie aber die hierher gehörigen Begriffe einfach aus den bekannten Lehrformen der Griechen erklären: so dürfen wir umgekehrt annehmen, dass sie den historischen Zusammenhang und die Identität der Lehre anerkennen und als richtig und gültig voraussetzen.

Es liesse sich nun schon bei Justinus dem Märtyrer zeigen, wie er das ewige Leben in den Aristotelischen Begriff aufgenommen hat, indem er z. B. den im Neuen Testamente nicht vorkommenden, in des Aristoteles Ethik und Metaphysik aber vorherrschenden Ausdruck $\delta\iota\alpha\gamma\omega\gamma\acute{\eta}$ für das göttliche Leben ($\zeta\omega\acute{\eta}$) anwendet[1]) und ebenso die im Neuen Testament fehlenden, für die philosophischen Schulen aber unentbehrlichen Begriffe des $\dot{\alpha}\pi\alpha\vartheta\acute{\epsilon}\varsigma$ und $\dot{\epsilon}\nu\delta\epsilon\acute{\epsilon}\varsigma$ zur Charakterisirung des ewigen Lebens benutzt.[2]) Allein bei ihm sowohl wie bei den der Zeit nächsten Kirchenlehrern vermisse ich die präcise Definition, wie wir sie bei Clemens von Alexandrien finden können. Desshalb habe ich diesen vor den anderen bevorzugt, und sein Zeugniss ist hinreichend.

---

ogischen Gelehrsamkeit an dem Evangelium des Johannes seine Dialektik geübt hat, wesshalb ihn auch die Kirchenväter mit Johannes in persönliche feindliche Berührung bringen.

[1]) Just. mart. apol. I. p. 17 s. f. Migne.
[2]) Just. mart. ibid. p. 77 s. f. Allerdings kommt $\dot{\epsilon}\nu\delta\epsilon\acute{\eta}\varsigma$ einmal auch in der Apostelgeschichte 4, 31 vor, allein nicht als terminus zur Begriffsbestimmung.

Clemens definirt den Anfang der Ewigkeit kurz und klar als unsere Vollendung (τέλος)[1]), wobei ihm der Doppelsinn in τέλος trefflich zu Statten kommt; weil darin einmal das zeitliche Ende, zweitens aber ebenso der Endzweck oder die Vollkommenheit liegt. In der That meint Clemens beides, da sich beides deckt; der Begriff selbst aber liegt nur und ausschliesslich in der Bedeutung der **Vollkommenheit**; denn ohne diese würde auch unser zeitliches Ende kein ewiges Leben herbeiführen in dem Sinne eines glückseligen. Der Sinn ist also: **das ewige Leben fängt an mit unserer Vollkommenheit.** Dass dieses der Sinn ist, wird durch die den Stoikern und dem Aristoteles entlehnte Beweisführung hinlänglich angezeigt; denn Clemens definirt das Ende (τέλος) als das höchste Gut und führt in Aristotelischem Sinne aus, wie dieses durch Handlungen dargestellt wird durch die Frömmigkeit, und wie des Christen Handlung (πρᾶξις) besteht: in der Thätigkeit der vernünftigen Seele nach einem gebildeten Urtheil und mit dem Verlangen nach Wahrheit, vollzogen durch den mit uns verwachsenen und mithelfenden Leib. Diese ausführliche Definition ist aus lauter Aristotelischen Elementen zusammengesetzt, und zwar ist dafür die Definition der Glückseligkeit das Vorbild.[2]) Die Handlung wird wie bei Aristoteles als Thätigkeit (ἐνέργεια) bestimmt; die vernünftige Seele (ψυχῆς λογικῆς) giebt das

---

[1]) Clem. Alex. Paedag. I. p. 60 Sylb. τοῦ δὲ αἰώνιός ἐστιν ἀρχὴ τὸ ἡμέτερον τέλος.
[2]) Vergl. Teichmüller, die Einheit der Aristotelischen Eudämonie, Bulletin, Mélanges gréco-romains, T. II. der Akademie der Wiss. St. Petersburg 1859. — Die Definition von Clemens steht Paedag. 1. 60. Sylb. ἔστιν ἡ μὲν πρᾶξις ἡ τοῦ Χριστιανοῦ ψυχῆς ἐνέργεια λογικῆς κατὰ κρίσιν ἀστείαν καὶ ὄρεξιν ἀληθείας — διὰ τοῦ συμφυοῦς καὶ συναγωνιστοῦ σώματος ἐκτελουμένη, — καθορθούμενον ἀϊδίῳ ζωῇ.

Aristotelische τοῦ λόγον ἔχοντος oder die Worte ψυχῆς ἐνέργειαν καὶ πράξεις μετὰ λόγου. Das gebildete Urtheil und das Verlangen nach Wahrheit ist eine Umschreibung des Prädicats „gemäss der Tugend" (κατ᾽ ἀρετὴν) in der Aristotelischen Definition, weil die Tugend eine Stellung des Willens (ἕξις προαιρετική) ist und also das Verlangen in sich schliesst, und ausserdem durch das richtige Urtheil des sittlich Besonnenen bestimmt wird (ὡρισμένη λόγῳ καὶ ὡς ἂν ὁ φρόνιμος ὁρίσειεν).[1] So wären demnach Zug für Zug alle Merkmale der Aristotelischen Glückseligkeit aufgenommen; denn auch die Mithülfe des Leibes ist eine Wiederholung der Aristotelischen Choregie durch die äusseren Güter. Und es bleibt nur die letzte Bestimmung übrig „in einem vollen Menschenleben";[2] eine Bestimmung, die den Aristoteles selbst im letzten Buche der Nikomachien auf den Begriff eines göttlichen Lebens in uns oder einer Unsterblichkeit in der Zeit bringt, und die hier von dem christlichen Clemens wunderbar treffend ersetzt wird durch die Bestimmung „in einem ewigen Leben",[3] indem er bemerkt, dass schon jetzt „das Leben des Christen ein System vernünftiger Handlungen ist d. h. die nicht fehlende Thätigkeit derer, die von der Vernunft (oder dem Worte) unterrichtet sind, was ja bei uns Glauben (πίστις) heisst." Indem Clemens so aus der Bestimmung des vollkommenen Lebens das Merkmal der Zeit weglässt, so ist nun das ewige Leben selbst der kurze Ausdruck für die ganze Definition der Vollkommenheit geworden. Denn Clemens will nicht etwa äusserlich dieses Leben in die Zukunft setzen, sondern erklärt nachdrücklich,

---

[1] Aristot. Eth. Nicom. II. 4. init. Vergl. auch III. 7. ᾗ κρινεῖ καλῶς καὶ τὸ κατ᾽ ἀλήθειαν ἀγαθὸν αἱρήσεται.
[2] ἐν βίῳ τελείῳ. cf. Eth. Nicom. X. 7. s. f.
[3] ἀιδίῳ ζωῇ.

dass der Potenz oder Kraft nach schon in der Gegenwart das Zukünftige hinzugenommen ist.[1] Denn die Vollkommenheit oder Vollendung (τελείωσις) kann nicht irgend einen Mangel haben, sondern ist in sich ganz und fertig und voll[2]; wobei sich Clemens auf das Schriftwort bezieht, dass der Glaubende das ewige Leben hat, nicht in's Gericht kommt und vom Tode zum Leben übergegangen ist. Der Wiedergeborene ist daher sofort (παραχρῆμα) von dem Dunkel befreit und hat auf der Stelle (αὐτόθεν) das Licht. Diese Auffassung wiederholt sich in verschiedenen Wendungen z. B. „durch die Taufe werden wir erleuchtet, durch die Erleuchtung zur Kindschaft gebracht, Kinder geworden sind wir vollendet, vollendet sind wir unsterblich (ἀπαθανατιζόμεθα)." Durch diesen Kettenschluss wird also die Unsterblichkeit unmittelbar an die Taufe oder Wiedergeburt herangerückt, d. h. es wird das ewige Leben nicht als eine zeitliche Bestimmung betrachtet, nicht als das zukünftige Himmelreich, sondern nach der philosophischen Lehre als eine Wesensbestimmung, als ein innerer Zustand und Thätigkeit des Geistes, worin unsere Vollkommenheit (τέλος, τελείωσις) liegt, und wodurch uns zugleich nach christlicher Hoffnung für alle Zeit ohne Ende dieses Leben verbürgt ist. Denn darum beweist Clemens auch sorgfältig aus einer Schriftstelle, dass die Zukunft identisch (ἰσότης) sei mit der gegenwärtigen Vollendung, da die Auferstehung sofort mit dem Glauben zugleich gegeben ist.[3] An einer andern Stelle wird desshalb diese Voll-

---

[1] Clem. Alex. Paedag. I. p. 41. Sylb. τῇ δυνάμει — προσλαμβάνεται τὸ μέλλον τοῦ χρόνου.

[2] Ibid. οὐδὲν δὲ ἐνδεῖ τῇ πίστει τελείᾳ οὔσῃ, ἐξ αὐτῆς καὶ πεπληρωμένῃ.

[3] Ibid. s. f. ὁ κύριος σαφέστατα τῆς σωτηρίας τὴν ἰσότητα ἀπεκάλυψε εἰπών κ. τ. λ., nämlich in der Zeit und Ewigkeit.

endung als das Innewohnen Gottes in der Seele des gerechten Mannes bezeichnet, wobei Gott unter Anderem auch die ewige Vernunft (oder das ewige Wort λόγος αἰώνιος) genannt wird [1]), die dem wahren gnostischen Christen (nach dem Herzen des Clemens) die vollkommene Anschauung (τελείαν θεωρίαν) und das wahrhafte Leben giebt. Wie denn Clemens auch sagt: „wir haben, wenn wir glauben, das Leben; was bleibt denn also noch übrig, wenn wir das ewige Leben schon erworben haben?" [2])

Wir sehen daher, dass Clemens ohne im Geringsten zu zögern, die geheimnissvollen christlichen Glaubenswahrheiten auf des Aristoteles termini zurückbringt, indem er das ewige Leben durch die Aristotelische Vollendung des Menschen oder seine Vollkommenheit (τέλος, τέλειον, τελείωσις) erklärt und als intellektuale Anschauung der Wahrheit, wie Aristoteles, bezeichnet. Besonders muss man noch an die kurze und treffende Distinction erinnern, womit er das, was zum ewigen Leben gehört, absondert von den Nothwendigkeiten des hiesigen Le-

---

[1]) Clem. Alex. Strom. VII. p. 300. s. f. Sylb.
[2]) Clem. Paed. I. p. 41. s. f. Sylb. εἰ τοίνυν οἱ πιστεύσαντες ἔχομεν τὴν ζωήν, τί παραιτέρω τοῦ κεκτῆσθαι ζωὴν αἰώνιον ὑπολείπεται; Bei dieser Gelegenheit muss man beachten, dass auch der Sprachgebrauch des Aristoteles, welcher das höchste Leben für eine Art Anschauung (εὐδαιμονία θεωρία τις) erklärte, stehen geblieben ist, ebenso wie der Inhalt dieses Gedankens; denn auch im Johannes-Evangelium wird das ewige Leben dem zugesprochen, der den Sohn sieht und ihm glaubt (ὁ θεωρῶν τὸν υἱὸν κ. τ. λ. Joh. Ev. 6, 40.) und ebenso heisst es: wer mich sieht, sieht den, der mich gesandt hat (ὁ θεωρῶν ἐμὲ θεωρεῖ τὸν πέμψαντά με Joh. Ev. 12, 45.). In beiden Fällen bedeutet das Sehen (θεωρεῖν) nicht die Anschauung mit den sinnlichen Augen, weil sonst eine Albernheit entstünde, sondern offenbar nur die intellectuelle Intuition. In derselben Weise verlangt auch Clemens τελείαν θεωρίαν zum wahrhaften Leben.

bens; er gebraucht dazu die aus der Aristotelischen Ethik und Politik bekannte Unterscheidung des zum blossen Leben Nothwendigen von dem zum sittlich schönen oder vollkommenen Leben Erforderlichen. Was zu dem Letzteren gehört, bestimmt das ewige Leben.[1])

Clemens zweifelt also so wenig daran, dass er die ganze christliche Wahrheit durch Aristotelische und Stoische termini ausdrücken kann, dass man sogar nirgends bei ihm einen christlichen Gedanken findet, den er nicht versucht hätte, auf einen philosophischen Begriff zurückzuführen. Damit soll jedoch nun nicht gesagt sein, dass bei ihm etwa das specifische Christenthum nicht vorhanden wäre, sondern man wird ihn überall als positiv Gläubigen erkennen, wie für ihn ja auch die Evangelien und Apostolischen Briefe die unbedingteste göttliche Autorität sind. Aber das leuchtet ein, dass für Clemens das Bedürfniss noch nicht existirte, einen Widerspruch zwischen Vernunft und Offenbarung für das Kennzeichen des Glaubens zu halten, sondern **dass er ohne Weiteres in dem Evangelium die Fussstapfen der philosophischen Sprache wiedererkannte** und in ihnen sicher bis zu den Quellen griechischer Weisheit zurückwanderte, um dann aus gelehrter Fülle die gebildete Erklärung der christlichen Wahrheit zu unternehmen.

---

[1]) Clem. Alex. Paedag. I. p. 60 s. f. Sylb. τὰ μὲν πρὸς τὸ ζῆν, τὰ δὲ πρὸς τὸ εὖ ζῆν διατάττεται. — — ἃ δὲ πρὸς τὸ εὖ ζῆν ἁρμόττει, ἐξ ὧν τὸ ἀΐδιον ἐκεῖνο περιγίνεται ζῆν κ. τ. λ. Vergl. auch meine Abhandlung „die Aristotelische Eintheilung der Verfassungs-Formen" 1859 (bei W. Weber, Berlin) S. 23. Anmerk. 2.

Schluss.

Wenn wir jetzt auf den Anfang zurückblicken, so sehen wir das Gesetz geschichtlicher Entwicklung an diesem Beispiel erläutert. Die Offenbarung tritt in metaphorischer Sprache auf, benutzt aber sofort, um sich selber zu verstehen und sich Andern zu erklären, die gebildete Sprache der überlieferten Wissenschaft. Es findet sich dabei, dass die Erbschaft hinreicht, um später einen begrifflichen Ausdruck für die neue Offenbarung zu geben. Wenn die Offenbarung aber auch keinen einzigen neuen Begriff eingeführt hätte, so würde das ihrem Werthe und ihrem Ansehen nicht im Mindesten schaden, denn sie hat sich ja auch selbst nicht als etwas mit der früheren Weltordnung in Widerspruch Befindliches hinstellen wollen, sondern nur als Erfüllung eines Verlangens und einer Hoffnung und einer überall genügend vollzogenen Vorbereitung. Das Neue der Offenbarung ist nicht ein Begriff, eine Erkenntniss, sondern die Botschaft von der Ankunft des Gehofften d. h. der Kraft und Thatsache, durch welche die höchsten Gedanken und Hoffnungen der vorbereitenden Zeit in wirkliche Erfüllung getreten sein sollen.

Zusammenhang zwischen den Begriffen von Parusie, Entelechie und ewigem Leben.

Es bleibt mir nur noch übrig, den Zusammenhang der drei vorstehenden Abhandlungen in der Kürze abschliessend zu bezeichnen, nachdem im Laufe der Untersuchung schon wiederholt die Beziehungen des Inhalts berührt worden sind. Die Parusie dient als ein ärmliches logisches Princip nur dazu, das Vorhandensein der Idee in der Erscheinung auszudrücken. Von Plato eingeführt behielt dieser terminus in der ganzen heidnischen und christlichen Entwicklung der griechischen Philosophie und Theologie seine Geltung, obgleich er wegen seines bloss formalen Inhalts nur von geringem Werthe war. An seine Stelle musste meistens der reichere Begriff der Entelechie treten, welcher das Verhältniss der Idee zum Stoff in der Weise ausdrückt, dass der Stoff selbst in seiner vollendeten Entwicklung die ihm immanente Idee als Wirklichkeit besitzt. Dadurch war das formell dualistische Verhältniss von Idee und Stoff überwunden; der Stoff braucht die Idee nicht von Aussen zu empfangen, sondern sie ist sein Wesen und verwirklicht sich in continuirlicher Bewegung in ihm, bis sie die zeitliche Bewegung aufhebend in zeitloser Continuität oder ewiger Wesenheit erscheint. Da aber die Entelechie doch auch als formelles Princip auf alle möglichen Arten der Verwirklichung der gegebenen natürlichen Potenzen anwendbar blieb, so führte die dialektische Bewegung zuletzt auf einen Begriff, welcher den ganzen concreten Inhalt der Entelechie darstellt, nämlich auf den Begriff des ewigen Lebens, welches als absolute Entelechie die göttliche Thätigkeit ausdrückt und zugleich als Ende und Zweck der ganzen kosmischen Entwicklung das höchste Gut der Menschen bildet, das in der Anschauung Gottes gewonnen und im sterblichen Leibe schon als Unsterblichkeit genossen werden kann.

Verlag von G. Emil Barthel in Halle,
durch jede Buchhandlung zu beziehen.

Aristotelische Forschungen

von

Gustav Teichmüller,

Dr. phil., ord. Professor an der Universität zu Dorpat.

I. Auch unter dem Titel:
Beiträge zur Erklärung der Poëtik des Aristoteles. 1867. gr. 8. $18^{1}/_{2}$ Bogen, brochirt. 1 Thlr. 25 Sgr.

II. Auch unter dem Titel:
Aristoteles Philosophie der Kunst. 1869. gr. 8. 30 Bogen, brochirt. 3 Thlr.

III. Auch unter dem Titel:
Geschichte des Begriffs der Parusie. 1873. gr. 8. $11^{1}/_{2}$ Bogen, brochirt. 1 Thlr. 6 Sgr.

IV. Auch unter dem Titel:
Aristoteles Theorie der Künste, insbesondere der Dichtkunst. In Vorbereitung.

Dante's Bildniss nach Giotto, nach dem 1840 wiederentdeckten Frescobilde im Palazzo del Bargello [Pretorio], bevor dasselbe 1841 übermalt ward. In Kupfer gestochen von **Julius Thaeter**. Gedruckt von A. Wetteroth in München. 1868. Platte breit 4 Zoll, hoch $6^{3}/_{4}$ Zoll rhein. Chinesisches Papier mit breitem weiszem Rande. $22^{1}/_{2}$ Sgr.

Verlag von **G. Emil Barthel** in **Halle**,
durch jede Buchhandlung zu beziehen.

Dante-Forschungen.
Altes und Neues
von
Karl Witte.

Mit Dante's Bildniss nach Giotto,
nach dem 1840 wiederentdeckten Frescobilde im Palazzo del Bargello (Pretorio), bevor dasselbe übermalt ward, in Kupfer gestochen von Julius Thaeter.

1869. gr. 8. 33 Bogen, brochirt. 4 Thlr. 20 Sgr.

Shakſpere-Forschungen
von
Benno Tschischwitz,

Dr. phil., Oberlehrer an der Realschule des Waisenhauses und Privatdocent an der Universität zu Halle a. S.

Drei Theile.

1868. kl. 8. brochirt. 2 Thlr. 20 Sgr.

I. Auch unter dem Titel:

Shakſpere's Hamlet, vorzugsweise nach historischen Gesichtspuncten erläutert. 1868. kl. 8. 15 Bogen, brochirt. 1 Thlr. 10 Sgr.

II. Auch unter dem Titel:

Nachklänge germanischer Mythe in den Werken Shakſpere's. **Zweite vermehrte Ausgabe.** 1868. kl. 8. 9⅝ Bogen, brochirt. 24 Sgr.

III. Auch unter dem Titel:

Shakſpere's Staat und Königthum, nachgewiesen an der Lancaster-Tetralogie. **Zweite Ausgabe.** 1868. kl. 8. 6⅛ Bogen, brochirt. 16 Sgr.

Verlag von **G. Emil Barthel** in **Halle,**
durch jede Buchhandlung zu beziehen.

QUAESTIONES DUAE
DE PHILOSOPHIA GRAECORUM.
SCRIPSIT
DR. HERMANNUS SIEBECK
IN UNIVERSIT. LITTER. HALENSI PHILOSOPH. PRIV. DOC.

I. ARISTOTELIS ET HERBARTI DOCTRINAE PSYCHOLOGICAE QUIBUS REBUS INTER SE CONGRUANT.
II. DE DOCTRINA IDEARUM QUALIS EST IN PLATONIS PHILEBO.

MDCCCLXXII. gr. 8. $3\frac{1}{4}$ Bogen, brochirt. 12 Sgr.

Unter der Presse befindet sich:
Untersuchungen
zur
Philosophie der Griechen.
Von
Dr. Hermann Siebeck,
Docent der Philosophie an der Universität zu Halle.

INHALT: I. Ueber Sokrates Verhältniss zur Sophistik. II. Plato's Lehre von der Materie. III. Aristoteles Lehre von der Ewigkeit der Welt. IV. Der Zusammenhang der aristotelischen und stoischen Naturphilosophie.

Elze, Karl, Englischer Liederschatz aus britischen und amerikanischen Dichtern. Mit einem biographischen Verzeichniss der Verfasser. Fünfte, verbesserte und vermehrte Auflage. 1869. kl. 8. $32\frac{1}{2}$ Bogen, brochirt 1 Thlr. 10 Sgr.

— — — Gebunden in Leinwand (in verschiedenen Farben). 1 Thlr. 15 Sgr.

Frei-Exemplare: 1 pro 6.
(Ein französisches Seitenstück zu Elze's 'Englischem Liederschatze' bearbeitet Dr. phil. **Werner Schönermark** in Breslau.)

Verlag von G. Emil Barthel in Halle,
durch jede Buchhandlung zu beziehen.

Boehmer, Dr. theol. et phil. Eduard, ord. Professor der romanischen Sprachen an der Universität Straszburg, **Die provenzalische Poesie der Gegenwart.** 1870. kl. 8. 3¼ Bogen, brochirt. 12 Sgr.

Gosche, Richard, **Die zehnte Muse.** Ein philologischer Festprolog. 1868. fl. 8. 1½ Bogen, brochirt. 5 Sgr.

von Hoffinger, Josepha, **Kronen aus Italiens Dichterwalde.** Uebersetzungen. Mit einem Anhange eigener Dichtungen. 1868. 16. 13½ Bogen, brochirt. 1 Thlr.

— — — Gebunden in Leinwand (in verschiedenen Farben) mit Goldschnitt und Seidenbändchen 1 Thlr. 10 Sgr.

Inhalt. Leopardi. — Filicaja. — Michel Angelo. — Petrarca. — Dante. — Aus Dante's und aus früherer Zeit (Guido Cavalcanti, Ser Pace, Baccio Bana da Pistoja, Jacopone da Todi, Francesco d'Assisi). — Eigenes.

Imrvvlkaisi Mv'allaka edidit **Avgvstvs Mveller.** CIƆIƆCCCLXIX. gr. 8. 3½ Bogen, brochirt. 12 Sgr.

Leo, F. A., **Shakespeare's Frauen-Ideale.** Fest-Vortrag am 23. April 1868 vor der General-Versammlung der deutschen Shakespeare-Gesellschaft zu Weimar gehalten. 1868. kl. 8. 3 Bogen, brochirt. 10 Sgr.

Novalis Gedichte, herausgegeben von **Willibald Beyschlag.** 1869. 16. 9½ Bogen, brochirt. 10 Sgr.

— — — Gebunden in schwarze Leinwand. 15 Sgr.

[**de Valdés,** Juan.] **Lac Spirituale.** Iohannis de Valdés institutio puerorum christiana edidit **Fridericus Koldewey.** Accedit epistola **Eduardi Boehmer** ad editorem data de libri scriptore. Editio altera. MDCCCLXXI. gr. 8. 2 Bogen, brochirt. 6 Sgr.

Veckenstedt, Edm., Dr. phil., **Regia potestas quae fuerit secundum Homerum.** MDCCCLXVII. gr. 8. 2⅞ Bogen, brochirt. 10 Sgr.

Geschichte des Begriffs

der

Parusie.

Von

Gustav Teichmüller,

Dr. ph., ord. Professor an der Universität zu Dorpat.

Halle,
Verlag von G. Emil Barthel.
1873.

www.ingramcontent.com/pod-product-compliance
Lightning Source LLC
Chambersburg PA
CBHW032151160426
43197CB00008B/858